▲ 외눈박이 거인 족 키클롭스 중 하나인 폴리페모스

한 권으로 읽는
세계의 신화와 전설

주니어 RHK

LONDON, NEW YORK,
MELBOURNE, MUNICH, and DELHI

Original title : Children's Book of
Mythical Beasts and Magical Monsters
First published in Great Britain in 2011 by
Dorling Kindersley Limited
80 Strand, London WC2R 0RL
A Penguin Company
Copyright © Dorling Kindersley Limited

Printed and bound in China by Leo
Printing Company Limited

See our complete catalogue at
www.dk.com

옮김 신인수
대학에서 영문학을 전공한 뒤 편집자로 일했어요.
현재 성균관대학교 번역대학원에서 공부하며,
어린이와 청소년을 위한 좋은 책을 찾아 우리말로
옮기는 데 힘쓰고 있어요. 옮긴 책으로는
〈고고학 탐정 카이로 짐〉 시리즈, 〈맨 헌터〉
시리즈 등이 있습니다.

한 권으로 읽는
세계의 신화와 전설

초판 1쇄 발행 2012년 8월 27일
초판 2쇄 발행 2013년 9월 15일

글 DK 편집부
옮김 신인수

발행인 양원석
총편집인 이헌상
편집장 전혜원
디자인 디자인스퀘어
마케팅 정재만, 김민수
해외저작권 황지현, 지소연
펴낸곳 (주)알에이치코리아
주소 153-802 서울시 금천구 가산디지털2로 53, 20층
　　　(한라시그마밸리)
문의 02-6443-8869(내용), 02-6443-8838(구입),
　　　02-6443-8962(팩스)
홈페이지 www.jrrhk.co.kr
등록 2004년 1월 15일 제2-3726호

ISBN 978-89-255-4679-7(74800)
ISBN 978-89-255-4354-3(세트)

※ 이 책의 한국어판 저작권은 Dorling Kindersley Limited와 독점 계약한
(주)알에이치코리아에 있습니다. 신 저작권법에 의해 한국 내에서 보호를 받는
저작물이므로 무단 전재와 무단 복제를 금합니다.

책 활용하기

이 책을 통해 전 세계 신화, 전설 이야기를 만나
보세요. 이야기를 읽고 난 뒤 여러 등장인물을
서로 비교해 보세요. 이 책은 네 가지 유형으로
꾸며져 있어요.

세계 둘러보기 : 전 세계 신화에서 서로 비슷하거나
똑같은 부분을 보고 깜짝 놀랄 거예요.

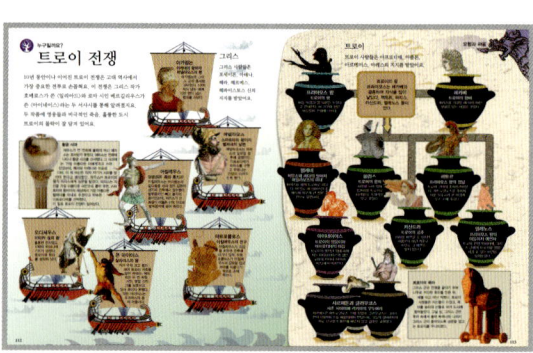

누구일까요? : 각 문화마다 나오는 여러 신과 유명
한 전설 속 등장인물의 관계를 알아보아요.

이야기 속으로 : 옛날부터 대를 이어 전해 내려오는
흥미로운 신화를 만나 보아요.

등장인물 들여다보기 : 신화 속 등장인물들이 어떻
게 그려졌는지, 어떤 역할을 했는지, 어떤 모험을 했
는지 자세히 알아보아요.

차례

10 자연과 나라

- 12 태초에는…
- 14 빛을 훔친 갈까마귀
- 16 마마 킬라
- 18 나라의 탄생
- 20 무지개 뱀
- 22 마오리 족의 신
- 24 조그마한 트릭스터, 마우이
- 26 세드나와 트릭스터 갈까마귀
- 28 카앙과 세계의 나무
- 30 최초의 인간
- 32 고대 그리스 신
- 34 세상에 악은 어떻게 생겨났을까?
- 36 홍수 이야기
- 38 케찰코아틀과 테스카틀리포카
- 40 이집트의 신
- 42 사계절에 담긴 이야기
- 44 지하 세계

46 마법과 대혼란

- 48 거인 족 이야기
- 50 마녀 키르케
- 52 오디세우스와 세이렌
- 54 자유롭게 변신하는 자
- 56 늑대 인간
- 58 거대한 새와 괴물 고래
- 60 바다 괴물
- 62 중국의 신성한 동물
- 64 원숭이 왕의 장난
- 66 꾀 많은 장난꾸러기 트릭스터
- 68 슬기로운 거미 아난시
- 70 에로스와 프시케
- 72 식물에 얽힌 전설
- 74 어리석은 왕 미다스
- 76 도움을 주는 요정 니세
- 78 숨어 지내는 요정
- 80 변입을 조심하라!
- 82 바바야가와 바실리사
- 84 자루를 멘 수상한 남자

86 모험과 싸움

- 88 전사 영웅
- 90 북유럽 신
- 92 천둥의 신 토르
- 94 황금을 찾아
- 96 신화 속 괴물
- 98 인도의 신
- 100 두르가 여신
- 102 오쿠니누시와 흰 토끼
- 104 영웅 헤라클레스
- 106 여전사
- 108 테세우스와 미노타우로스
- 110 페르세우스와 메두사
- 112 트로이 전쟁
- 114 이아손과 황금 양털
- 116 비극적인 영웅 오이디푸스
- 118 용
- 120 베오울프와 괴물 그렌들
- 122 원탁의 기사
- 124 신비로운 약 엘릭시르
- 126 폭군 길가메시
- 128 잃어버린 왕국
- 130 황금의 도시(엘도라도)
- 132 로빈 후드
- 134 영원히 행복하게
- 136 이야기를 들려주세요!
- 138 용어 설명
- 140 찾아보기

신화는 무엇일까?

신화는 이야기이다

신화와 전설마다 아주 비슷한 부분이 있어요. 등장인물이 나쁜 사람이든 좋은 사람이든, 저마다 놀라운 곳으로 모험이나 여행을 떠나요. 그때마다 뛰어넘어야 할 장애물을 만나고 시험대에 오른 뒤 이야기는 말끔하게 마무리되지요.

신화는 영원하다

신화는 수천 년 동안 존재해 왔어요. 책이 발명되기 전부터 말이에요. 신화는 어른, 사제, 부모님, 이야기꾼들 덕분에 세대를 거쳐 오늘날까지 전해져 내려왔어요. 신화에는 중요한 의미와 교훈, 때로는 신성한 본질이 담겨 있기에 오랫동안 사랑받고 있지요.

신화는 재미있다

신화는 재미있기 때문에 이토록 오랫동안 전해지고 있어요. 만약 신화가 지루하고 따분했다면 사람들 사이에서 금세 잊혔겠지요. 게다가 신화는 수천 년 동안 후손들이 이야기를 새로 지을 때에도 영향을 끼쳤어요. 〈해리 포터〉 같은 책이나 '스타 워즈' 같은 영화도 모두 신화와 전설에서 소재를 빌려 온 거예요.

신화는 예술이다

수세기 동안 예술가들은 신화와 전설에 나오는 위대한 등장인물에서 영감을 얻었어요. 그들은 선과 악의 충돌을 조각과 그림으로 나타내 상상력 넘치는 신화의 세계를 남겼지요.

신화와 전설은 인간의 삶과 자연 세계, 그리고 눈에 보이지 않는 영적 세계를 탐구하려고 만든 이야기예요. 신과 영웅, 악마와 괴물 이야기는 우리가 살면서 만나게 되는 엄청난 궁금증을 풀 수 있게 도와줍니다.

신화는 교훈이다

학교가 없던 시절에 아이들은 공동체 속에서 부모님과 어른들에게 가르침을 받았어요. 이들은 아이들이 이해하기 쉽도록 이야기를 통해 지식을 전달했지요. 이야기에는 아이들이 본받을 만한 깊은 뜻과 교훈이 담겨 있었어요. 사회마다 자신들의 환경과 문화가 반영된 고유한 신화를 간직하고 있지요. 또한 그 신화에서 사회마다 이해할 수 없던 현상을 설명하지요.

신화는 이해다

신화는 단지 아이들을 가르치려고 만든 가치 있는 이야기만은 아니에요. 당시 사람들이 세계를 이해한 방식이 담겨 있지요. 과학이 발달하기 전, 사람들은 자연 현상에 두려움을 갖거나 미신을 따랐어요. 그래서 지진, 태양, 죽음 같은 알 수 없는 현상을 신화와 전설과 종교와 민담으로 설명해 보려고 애썼지요.

신화는 아직…

증명되지 않았어요. 신화가 언제, 어떤 까닭으로 생겨났는지는 아무도 몰라요.
신화는 수천 년 동안 수많은 이야기꾼을 통해 전해졌지요. 여러 사람을 거치면서 내용도 조금씩 달라졌어요. 뱀이 큰 뱀이 됐다가, 그다음에는 용이 됐다가, 마지막에는 머리 셋 달린 괴물이 되었지요. 신화와 전설은 진실이든 아니든, 의미가 있고 오늘날 세계에 대해서도 많은 것을 가르쳐 줍니다.

자연과 나라

옛날 사람들도 오늘날의 우리처럼 자신과 주변 세계에 대해 알고 싶어 했어요. 세계가 어떻게 시작되었고 그다음엔 어떤 일이 생겼는지, 각 문화마다 다르게 설명하고 있어요.

◀ 〈동방견문록〉 삽화. 13세기에 쓰인 책으로, 마르코 폴로가 아시아를 여행한 이야기가 담겨 있다.

세계 둘러보기
태초에는…

각 문화마다 이 세상이 맨 처음 어떻게 생겨났는지 설명하는 천지 창조 신화가 있어요. 태초에 카오스의 세계에서 세상이 생겨났다는 신화가 많지요. 이 밖에 알에서 세상이 부화했다는 이야기도 있고, 동물의 등에서 생겼다는 이야기도 있어요.

◀ **반고, 중국** 태초에 세계는 카오스 상태였다. 그때 알이 나타나더니 그 속에서 알을 깨고 반고가 태어났다. 반고는 땅(음)과 하늘(양)을 분리한 뒤, 1만 8,000년 동안 지탱했다. 반고가 죽자 그의 숨결은 바람이 되고, 두 눈은 해와 달, 몸은 여러 산이 되었다. 반고의 몸에 있던 벼룩조차 물고기와 동물로 변했다.

◀ **베누, 고대 이집트** 이집트의 새 베누는 그림 속의 다리 긴 왜가리처럼 묘사되었으며, 새벽녘에 생명체가 전혀 없는 물 위를 날았다. 그러다가 피라미드처럼 생긴 돌에 내려앉고는 날카로운 울음을 내뱉었다. 그러자 영원한 침묵이 산산이 부서지고 세계가 깨어났다.

◀ **세네카 부족, 북아메리카** 한때 세계는 하늘과 드넓게 펼쳐진 물로 이루어져 있었다. 첫 번째 여자가 하늘에서 물속으로 떨어졌는데, 바다 동물 덕에 목숨을 구했다. 두꺼비가 바다 밑바닥에서 거북 등에 진흙을 재빨리 올려놓아 여자에게 육지를 만들어 준 것이다. 체로키 인디언(북미 원주민 부족) 신화에도 물에 사는 곤충이 진흙을 모아 육지를 만들었다는 이야기가 있다. 북미 원주민인 알곤킨 족 신화에서는 사향쥐가 나온다.

▶ **드리밍(꿈), 오스트레일리아** 드리밍이 오자 전 세계의 창조 선조들이 깨어나 땅을 만들었다. 오스트레일리아 원주민인 애보리지니는 아직도 이야기와 의식과 예술을 통해서 드리밍의 시대로 들어갈 수 있다고 믿는다.

자연과 나라

◀ **무스펠헤임, 북유럽**
한때 땅은 '긴눙가가프'라는 어둡고 텅 빈 공간을 사이에 두고 둘로 나뉘어 있었다. 빛과 열의 나라 무스펠헤임과 어둡고 차디찬 나라 니플헤임이 만나 얼음이 녹으면서 거인 서리 괴물 이미르가 생겨났다(49쪽 참고). 뒷날 이미르는 오딘과 그의 형제들 손에 죽고, 그의 몸은 땅이 되었다.

북유럽 신화에 대해 더 알고 싶으면 90쪽을 보세요.

▲ **에우리노메와 오피온, 고대 그리스**
여신 에우리노메가 어둡고 텅 빈 공간에서 나타나 비둘기가 되었다. 에우리노메는 알을 하나 낳았고, 커다란 뱀인 오피온이 그 알을 똘똘 휘감았다. 오피온의 따뜻한 체온으로 알이 부화하여, 하늘과 산과 바다와 강이 태어났다.

◀ **아이도 흐웨도와 마우, 서아프리카**
여신 마우는 인간을 창조한 뒤, 수컷 뱀인 아이도 흐웨도의 도움을 받아 세상을 만들었다. 둘은 거대한 원을 그리며 세상을 다니면서 조롱박 모양의 땅을 만들었다. 강과 계곡은 구불구불 움직이는 뱀의 모양으로 만들어졌다. 뱀한테서 나온 배설물은 광물과 산이 되었다.

13

 이야기 속으로

빛을 훔친 갈까마귀

캐나다 서부 해안에 사는 원주민인 퍼스트네이션(하이다 족, 틀링깃 족 포함)은 오랜 세월 동안 갈까마귀에 대한 신화를 엮어 갔어요. 늘 이 세상에서 살아온 갈까마귀는 신화에서 마법을 부리는 트릭스터로 나와요.

'늘 배고픈 갈까마귀'는 북서태평양 연안에 사는 부족에게는 아주 중요한 신화 영웅이다. 갈까마귀는 사람들이 먹고사는 데 필요한 물고기와 식물의 씨앗을 전해 주었다고 해서 신화 이야기에 자주 등장한다.

갈까마귀 이야기

세계적인 주인공
갈까마귀는 전 세계적으로, 특히 북아메리카, 유럽, 스칸디나비아, 시베리아의 전래 동화와 신화에 많이 등장한다.

고대 조언자
북유럽 신화에서 최고 신으로 나오는 오딘은 까마귀 두 마리와 함께 있는 모습으로 그려진다. 후긴('생각'이라는 뜻)과 무닌('기억'이라는 뜻)이라는 두 까마귀는, 오딘의 눈과 귀가 되어 도왔다. 때로는 오딘의 양 어깨에 한 마리씩 앉아 있다.

러시아의 트릭스터
러시아 극동 지역과 북극권에서 갈까마귀는 창조자일 뿐만 아니라 인류의 조상, 강력한 샤먼(또는 주술사), 꾀 많은 개구쟁이이기도 하다. 이 지역의 갈까마귀 이야기 중에는 북아메리카 원주민의 갈까마귀 이야기와 비슷한 내용이 많다.

탑에 사는 갈까마귀
수백 년 전, 사람들은 갈까마귀들이 런던탑을 떠나면 영국에 끔찍한 재앙이 들이닥쳐 고통받는다고 믿었다. 그래서 이런 일이 생기지 않도록, 오늘날까지 갈까마귀들을 탑에 잡아 두고 보호하고 있다.

이 세상이 맨 처음 생겨났을 때는 빛이 없었어요. 모두 깜깜한 어둠 속에서 살았지요. 사냥을 하고 물고기를 잡으러 다니거나 열매를 따 먹으려고 할 때도, 손을 뻗어 익숙한 나무와 바위와 물을 만져 봐야 했어요. 어떤 때는 앞이 보이지 않아 땅에 쾅 곤두박질치기도 했지요.

이렇게 빛이 없는 이유는 하늘 추장님이 이기적이어서 빛을 죄다 상자 속에 넣어 집 안에 숨겨 두었기 때문이에요. 이 사실을 안 갈까마귀는 몹시 화가 나서 하늘 추장님 집에 숨어들어 상자를 훔칠 계획을 세웠지요. 갈까마귀는 먼저 조그만 솔잎으로 변신했어요. 하늘 추장님의 아름다운 딸이 가까이에 있는 샘으로 물을 길으러 나왔을 때였어요. 솔잎이 된 갈까마귀는 바람을 타고 딸이 가져온 물병 속으로 떨어졌지요. 딸이 병에 든 물을 마시자, 솔잎도 함께 목구멍 속으로 스르륵 미끄러져 들어갔어요. 갈까마귀는 딸의 몸속으로 들어가 곧 태어날 아기로 변신했어요.

자연과 나라

 마침내 남자 아기가 태어났는데, 머리카락은 갈까마귀처럼 까맣고, 눈은 보석처럼 반짝거렸으며, 코는 부리처럼 뾰족했어요. 울음소리는 까마귀가 울듯이 귀에 거슬렸지요. 하지만 하늘 추장님은 아기한테 완전히 마음을 빼앗겨서, 아기가 기뻐할 일이라면 뭐든지 다 했어요. 몇 주 동안 갈까마귀는 하늘 추장님 집에서 엄마, 할아버지와 놀고 까르륵 웃어대며 아기로 살았지요.

 어느 날, 갈까마귀는 세계의 빛을 담은 상자를 발견하고는 손을 뻗어 덥석 움켜쥐었어요. 이를 본 하늘 추장님은 재빨리 상자를 낚아챘어요.

 아기는 울고, 울고, 또 울었어요. 하늘 추장님도 여느 인자한 할아버지처럼 결국 두 손 들고 말았지요. 갈까마귀는 상자를 손에 넣자마자 얼른 뚜껑을 열고 마법 공으로 된 빛을 꺼냈어요. 그러고는 곧바로 갈까마귀의 모습으로 돌아와서, 부리에 공을 물고 하늘로 날아올랐어요. 갈까마귀는 수많은 산과 강, 바다 위를 지나면서 점점 지쳤어요. 그러다가 그만 빛의 절반을 떨어뜨리고 말았어요. 빛은 수천 조각으로 산산이 부서져 수많은 별과 달이 되었지요. 완전히 지쳐 버린 갈까마귀는 남은 빛마저 놓아 버렸어요. 그러자 그 빛은 하늘을 채운 해로 변했답니다.

등장인물 들여다보기

인물 탐구
달의 여신, 마마 킬라.

이름
'마마 킬야'라고도 불렀는데, 달과 결혼과 축제의 여신, 여성의 수호자이다.

가족 관계
마마 킬라는 창조신인 비라코차와 바다의 여신인 마마 코차의 딸이다. 태양신인 인티의 누이이자 아내이기도 하다.

마마 킬라는 만코 카팍(아래 사진)과 마마 오클로를 낳았다. 이들은 티티카카 호숫가로 가서 사람들을 가르치고 법을 만들었다.

아이들
마마 킬라는 뒷날 신화에서 땅을 만든 파차 카막의 어머니가 되었다. 파차 카막의 아내는 인기 있는 여신, 파차 마마이다. 파차 마마는 대지의 여신으로, 작물을 보호하고 지진을 일으켰다.

▲ 파차 마마는 안데스 산맥에 사는 사람들에게 아주 중요한 존재였다.

마마 킬라

달의 여신 마마 킬라는 잉카 신 중에서 세 번째로 막강했어요. 잉카는 남아메리카에 있는 페루의 전사 부족이었지요. 잉카 제국은 1200년에서 1500년대 사이에 안데스 산맥 곳곳으로 세력을 넓혔어요. 이때 정복한 다른 부족들의 신화가 잉카 제국의 신화와 결합되었어요.

월식

잉카 사람들은 월식 현상을 두려워했어요. 사나운 짐승(이를테면 퓨마나 뱀)이 마마 킬라를 공격했기 때문이라고 믿었지요. 잉카 사람들은 월식이 일어나는 동안 짐승에게 무기를 던지고 팔을 흔들어 대며 소리를 치면서 겁을 주곤 했어요. 짐승이 이기면 세상이 어둠 속에 잠긴다고 믿었기 때문이지요.

▲ 월식은 지구가 달 앞에서 햇빛을 가로막아 달의 일부가 보이지 않는 현상이다.

잉카 달력

잉카 사람들은 달이 변화하는 모습에 따라 시간을 계산했어요. 보름달이 떴다가 지고 그다음 보름달이 뜨는 과정이 반복되는 모습을 살폈지요. 달력에는 의식과 축제가 열리는 시기를 표시했어요. 그래서 달의 여신 마마 킬라를 아주 중요하게 여겼지요.

▶ 잉카 달력에 달마다 축제가 표시돼 있다.

자연과 나라

페루 사람들은 종교 의식을 치르는 동안 황금 가면을 썼다.

마마 킬라의 얼굴은 아름다움을 상징하는 보름달 모습이다.

잉카 사람들은 자신들이 찾은 은을 여신이 땅에 흘린 눈물이라고 믿었다.

달에 검은 점이 보이는데, 이것에 얽힌 잉카 전설이 있다. 여우가 마마 킬라한테 반해 만나러 가자, 마마 킬라가 여우를 자기 얼굴에 그대로 눌러 버려 검은 점이 생겼다고 한다.

이야기 속으로

방대한 일본 이야기

최초의 신들
태초에 소용돌이치는 카오스에서 가벼운 부분은 위쪽으로 떠가며 하늘의 높은 평원인 다카마가하라를 이루었다. 태초의 힘들은 눈에 보이지 않는 세 신을 만들었는데, 이들은 하늘에 살았다. 갈대가 카오스를 뚫고 위쪽으로 쭉쭉 자라더니, 꼭대기에서 두 신이 더 나타났다. 그 뒤 여러 세대가 뒤를 이었다. 이자나기와 이자나미는 하늘 신들 가운데 맨 마지막에 나타났다.

다툼
아마테라스는 이자나기와 이자나미의 첫째 딸로, 너무나 밝아서 하늘로 올라가 땅을 환히 밝혔다. 아마테라스는 먼저 땅을 따뜻하게 데운 뒤, 일본 사람들에게 벼와 밀을 재배하는 방법과 누에를 쳐서 옷을 짓는 법을 알려 주었다. 하지만 남동생 스사노오가 자신의 집을 파괴하고 농작물을 망쳐 놓자, 화가 나서 동굴에 틀어박힌 채 나오지 않았다.

떠오르는 태양
다른 신들이 좋은 꾀를 써서 아마테라스를 동굴 밖으로 다시 나오게 할 때까지, 세상은 어둠 속에 있었다. 신들이 아마테라스에게 거울을 보여 주어, 거울에 비친 여신이 새로운 여신이라고 생각하게 하여 세상에 다시 나오게 했다는 이야기도 있다. 신들이 잔치를 열자 호기심을 느낀 아마테라스가 세상 밖으로 나왔다는 이야기도 있다. 아마테라스가 나타나자 세상에 다시 빛이 비치기 시작했다.

▲ 일본은 수년 동안 국기에 떠오르는 태양을 담았다. 이는 아마테라스가 동굴 밖으로 나온 모습을 나타낸 것이다.

최초의 황제
아마테라스는 손자 니니기에게 세 가지 선물을 주며 땅을 다스리게 했다. 선물은 친절을 뜻하는 보석 목걸이, 순수를 뜻하는 거울, 용기를 뜻하는 검으로, 일본 황실과 관련된 상징이다. 전설에 따르면 아마테라스의 증손자가 최초의 황제 진무 천황이 되었다.

나라의 탄생

일본 신화에서는 남매 사이인 이자나기와 이자나미 이 두 신이 세계를 창조했어요. 두 신은 둥둥 떠 있는 무지개다리를 타고 하늘에서 내려왔어요.
그 밑은 미끈미끈 소용돌이치는 카오스 상태였지요. 이자나기는 다리 위에 서서 섬이 만들어질 때까지 보석이 박힌 창으로 카오스를 휘휘 저었어요.

창조가 시작되었어요. 첫 번째 만들어진 섬은 오노코로였지요. 이자나기와 이자나미는 세상을 계속 창조해 나가며 결혼하기로 했어요. 두 신은 결혼식을 치르기 위해 섬에 커다란 기념비를 세웠어요. 이자나기는 기념비 한쪽으로 돌고, 이자나미는 반대쪽으로 돌다가 둘이 만난 순간 결혼 서약을 했어요. 그런데 신부인 이자나미가 먼저 입을 열었어요. 그러자 하늘에 있던 신들은 화가 났어요. 결혼 서약은 신랑 이자나기가 먼저 말해야 했거든요.

두 신은 다시 결혼식을 올렸지만, 이자나미는 신과 정령뿐만 아니라 악마와 괴물까지 낳게 되었어요.

두 신은 일본에 섬 여덟 개를 만들고 식물과 동물을 창조했어요. 이자나미는 이들을 책임질 신과 정령을 낳았지요. 이 가운데에는 태양의 여신 아마테라스, 달의 신 쓰키요미, 폭풍의 신 스사노오 말고도, 자연과 바다와 지대와 산들의 신이 많이 있었어요.

이자나미는 죽음을 맞이할 운명이었어요. 그래서 불의 신 가구쓰치가 태어나자, 가구쓰치의 불길에 타서 지하 세계인 요미로 내려갔어요. 이자나기는 슬픔에 휩싸여 이자나미를 따라 지하 세계로 내려갔지요.

이자나기는 머리에서 빗을 뽑아 불을

자연과 나라

죽은 자의 땅, 요미

악마들은 8만 년 넘도록 어둡고 음울한 죽은 자의 땅, 요미에 살고 있다고 전해진다. 악마들은 죽은 자를 엠마오에게 데려다 주는 일을 한다. 엠마오는 통치자이자 심판관으로, 지하 세계 성에 살았다. 착한 사람은 다시 태어나고 악한 사람은 요미에 보내졌다. 악한 사람은 구더기가 죽은 몸을 파먹고, 몸이 썩어 없어져 악마로 변할 때까지 고문을 당했다.

붙였어요. 이자나미의 몸이 시체가 되어 썩어 가고 구더기가 뒤덮인 모습을 본 이자나기는 공포에 떨었지요.

　이자나미는 남편이 자신의 모습을 본 것에 몹시 화가 나서, 악마들에게 남편을 뒤쫓으라고 명령했어요. 이자나기는 머리 장식 수건과 빗을 뒤로 던지면서 달아났어요. 그러자 머리 장식 수건은 포도, 빗은 죽순으로 변했어요. 뒤따라오던 악마들은 포도와 죽순을 주워 먹느라 그 자리에 멈춰 섰지요. 이자나기는 지하 세계로 들어가는 문에 다다르자, 커다란 돌로 문을 막았어요. 그래서 산 자와 죽은 자는 영원히 갈라서게 되었답니다.

음향 효과 내기

이야기를 읽거나 들려 줄 때 주변에 있는 물건들을 이용해 다양한 소리를 내어 보세요. 좀 더 실감나게 이야기를 즐길 수 있을 거예요. 먼저 집 안에서 소리를 내는 사물을 모아요. 병에 물을 채워 돌리면 소용돌이치는 카오스를 나타낼 수 있어요. 결혼식 장면에서는 칼과 포크로 쨍그랑거리는 소리를 내고, 악마들이 뒤쫓는 장면에서는 나무 숟가락으로 냄비를 두드려 보세요.

19

등장인물 들여다보기

인물 탐구
무지개 뱀

창조신 뱀
북오스트레일리아에 있는 아넘랜드 서쪽에 쿤윙즈쿠 어(군윙구 어)를 쓰는 부족에게는 두 마리 뱀 이야기가 전해진다. 창조신인 인가르나의 아들인 날요드가 여러 산과 계곡과 샘을 만들었다. 날요드는 폭포 발치에 살며 인가르나의 아이들을 보살핀다.

인가르나
인가르나는 동쪽에서 왔다고 전해진다. 자신이 만든 사람들을 바구니에 가득 담아 와서는 머무르는 곳마다 사람들을 무리 지어 남겨 두었다. 때로는 무지개 뱀으로, 어떤 때는 여자로 나타난다.

▲ 선조의 모습이 담긴 수천 년 된 바위 그림

변신
무지개 뱀이 늘 무지개나 뱀의 모습으로 나타난 것은 아니다. 이야기에서는 대부분 인간처럼 그려졌고, 예술 작품에서는 다른 동물의 일부로 그려졌다. 왼쪽에 보이는 무지개 뱀은 머리와 꼬리가 악어 모습이다.

무지개 뱀

무지개 뱀은 오스트레일리아 애보리지니에게 아주 중요한 존재예요.
무지개 뱀은 남자와 여자가 있고, 드리밍의 창조적 힘이에요.
그리고 무지개 뱀의 몸은 산과 골짜기를 이루었지요.
비, 샘, 무지개와 깊은 관련이 있고 마술적 힘의 원천입니다.

무지개의 끝

오스트레일리아 퀸즈랜드에 사는 원주민들은 무지개를 샘 사이로 뛰어오르는 무지개 뱀이라고 생각해요. 무지개가 땅에 닿는 곳에서 수정 결정체가 만들어진다고 하지요. 수정은 사람들 마음속에도 나타나는데, 수정이 나타난 사람은 현명한 사람, 특별한 지식을 갖춘 지혜로운 사람이 됩니다.

▲ 무지개 뱀이 하늘에서 아치 모양으로 가로지를 때, 이를 가리는 게 전혀 없어야 한다고 전해진다.

어머니와 아버지

애보리지니 신화에는 무지개 뱀이 많이 나와요. 생명의 원천인 무지개 뱀은 '위대한 아버지', '모든 것의 어머니'로 불려요. 무지개 뱀이 침을 뱉으면 비가 내리고, 소리를 내면 천둥이 친다고 해요. 부족마다 부르는 이름이 다른데, 아넘랜드에서는 유르룬굴, 중앙 오스트레일리아에서는 왈룬콰라고 불러요.

▲ '뱀 드리밍' 애보리지니 작품

자연과 나라

샘의 수호신

무지개 뱀은 생명을 주는 힘을 지녔고 창조, 동식물의 성장, 풍요로움, 부활과 관련이 있어요.

무지개 뱀은 샘 속에서 잠을 자는데, 잠에서 깨어 기지개를 켤 때 홍수가 일어난다.

무지개 뱀은 지상의 법칙을 어긴 사람들에게 벌로 폭풍우와 홍수를 보낸다.

무지개 뱀은 홍수가 일어난 동안 사람들을 삼켜 뼈를 돌로 만든다.

무지개 뱀은 삶과 죽음의 권한을 지녀서 사람 속으로 들어가 마술적 힘을 줄 수 있고, 사람 마음속에 작은 무지개들을 남겨 놓아 병들어 죽게 할 수 있다.

 누구일까요?

마오리 족의 신

고대 마오리 족은 자신의 삶을 자연과 깊이 연관시켰어요. 그래서 신마다 자연의 여러 모습과 요소를 그대로 지니고 있지요. 마오리 족은 나무를 베거나 사냥을 할 때 먼저 해당 신에게 경의를 나타냈어요.

가족 다툼

최초의 신 랑기와 파파 사이에서 태어난 아이들은 어둠 속에서 살며 아무것도 보지 못했다. 부모인 하늘과 땅이 서로 꼭 끌어안아 빛이 빠져나가지 못하게 했기 때문이다. 아이들은 화가 나서 (날씨의 신 타휘리만 빼고) 부모를 갈라 놓아 밤과 낮을 창조할 계획을 세웠다. 아이들마다 여러 번 시도 한 끝에 숲의 신 타네가 힘센 두 발로 부모를 밀쳐 내 조금씩 서로 떨어지게 했다. 랑기와 파파가 고통스러워 울부짖자, 타휘리는 화가 나서 나무들을 뿌리째 뽑고 바다를 부추겼다. 그 바람에 생물들은 몸을 숨기고 풍경도 뒤바뀌었다.

▲ 숲의 신 타네

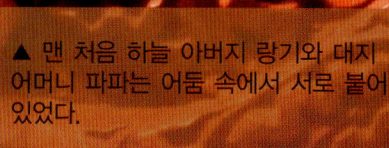

▲ 맨 처음 하늘 아버지 랑기와 대지 어머니 파파는 어둠 속에서 서로 붙어 있었다.

부끄러운 진실

랑기와 파파가 헤어진 뒤 모든 것이 평화를 되찾자, 타네는 진흙으로 여자를 만들어 생명을 불어넣었다. 이 여자가 '흙으로 빚은 여자'라는 뜻을 지닌 히네하우오네였다. 타네와 히네하우오네는 '새벽 여자'라는 뜻인 '히네티타마'라는 딸을 낳았다. 히네티타마는 자신의 아버지가 누구인지 모른 채 타네와 결혼하여 딸을 많이 낳았다. 그러나 남편이 아버지였다는 사실을 안 뒤 겁에 질리고 부끄러웠다. 그래서 대지를 떠나 저 아래에 있는 어둠과 죽음의 세계로 내려갔다. 히네티타마는 죽음의 여신인 히네누이테포로 알려지게 되었다.

자연과 나라

가족의 시작

마오리 족 신의 첫 가계도로, 마오리 족 신화에서 중요한 신들이 나와요.
신들은 모두 최초의 한 쌍인 하늘 아버지 랑기와 대지 어머니 파파의 후손이에요.
랑기와 파파는 텅 비고 어두운 공간에서 생겨났지요.

랑기 — 하늘 아버지
아들 타네가 하늘로 밀어 올리자, 아내가 그리워 계속 눈물을 흘리며 비를 뿌렸다.

랑기와 파파는 일흔 명이 넘는 남자아이를 낳았고, 이들은 마오리 족의 신이 되었다.

파파 — 대지 어머니
랑기와 헤어진 뒤 한숨을 쉬고 무거운 마음으로 슬퍼했다. 땅을 부수고 랑기한테 닿으려고 애쓰지만 번번이 실패했다.

탕가로아

투 — 전쟁의 신이자 인류의 조상
언제나 화난 얼굴이지만 대단한 존경을 받았다.

타휘리 — 날씨의 신
여러 가지 구름, 다양한 날씨, 세기가 다른 여러 바람이 타휘리의 자식들이다.

타네 — 숲과 생명체의 신
힘센 나무만큼 강해서 부모를 갈라 놓아 밤과 낮을 창조하고, 타휘리의 화를 샀다.

탕가로아 — 바다의 신
형제 타휘리의 습격을 받아 바다로 숨었다. 마오리 족은 항해하거나 고기잡이하러 나가기 전에 이 신에게 공물을 바친다.

론고 — 평화와 농작물의 신
하우미아 — 야생 식물의 신
이 두 신은 어머니 파파의 보호를 받았다.

루아우모코 — 지진의 원천
아직 태어나지 않은 아들로, 어머니 파파 몸속에 살았다. 루아우모코가 파파 배를 발로 차거나 화를 낼 때 대지가 격렬하게 움직였다.

레후아 — 별
가장 높은 하늘에 살며, 밝은 별들과 관련이 있다. 앞을 보지 못하는 문제나 잘병을 고칠 수 있다고 전해진다.

히네누이테포 — 죽음의 여신
타네의 딸이자 아내로, 부끄러움 때문에 어둠의 세계로 도망쳤다. 자식들이 죽으면 그들을 보살핀다.

푼가 — 흉측한 생명체의 조상
물고기와 파충류는 이 초자연적 존재의 아이들로 여겨진다.

타휘리

론고

카이탄가타 — 화이티리의 남편
이름에 '식인종'이라는 뜻이 있지만 실제로는 성실하고 온순한 어부다. 사람의 몸을 먹는 화이티리에게 마음이 끌렸다.

타휘리가 바다를 습격하자 생명체들은 흩어졌다.

화이티리는 온순한 남편에게 실망하여 하늘로 돌아갔다.

이카테레 — 물고기의 조상
물고기는 타휘리가 일으킨 폭풍우를 피해 바닷속으로 숨었다.

투테웨히웨히 — 파충류의 조상
파충류는 숲 속에서 편히 쉴 곳을 발견했다. 이 일로 탕가로아는 타네를 미워하게 되었다.

헤마 — 화이티리와 카이탄가타의 아들
헤마는 바다 생물인 포나투리한테 죽음을 당했지만 그의 자식들이 포나투리를 죽여 복수했다.

인물 탐구
반신반인이자 영웅인 마우이

조그마한 트릭스터, 마우이

폴리네시아 전 지역에 잘 알려진 마우이는 반신반인이에요. 계략을 꾸미고 이를 수행할 때는 마법을 쓰지요. 몸집은 작지만 얼마나 놀라운 위업을 이뤘는지, 많은 신화에 잘 그려져 있어요. 하루 만에 햇빛 양을 엄청나게 늘렸다든지, 섬을 만들었다는 이야기처럼 말이에요. 마우이는 한평생 자신의 야망을 이루기 위해 규칙을 깨고, 거짓말을 하고, 속임수를 썼어요. 그래도 결국에는 인간들한테서 죽음을 없애 주려고 애쓰다 죽었어요.

가족 관계
마우이의 어머니는 지하 세계로 가는 길을 안내하는 타란가였요. 그리고 아버지는 지하 세계의 최고 추장인 마케아 투투라였다. 그의 아내가 달과 죽음과 부활의 여신인 '히나'라는 이야기도 있다.

어린 시절
마우이는 일찍 태어나서 약하고 아주 작은 아이였어요. 어머니는 마우이가 살아남지 못하리라 생각하고 그를 둘둘 싸서 바다에 던졌다. 그러자 바다 생물들이 마우이를 발견해 보살피다가 안전하게 바닷가로 데려다 주었다. 그곳에서 하늘 아버지 랑기가 마우이를 데려갔다. 마우이는 조금 자라자, 마을로 돌아가 어머니와 네 형제를 다시 만나(형제들은 마우이를 질투하게 되었다.) 아버지를 찾았다.

더디게 가는 해

마우이의 어머니는 나무껍질로 천을 짰어요. 그런데 해가 떠 있는 동안 나무껍질을 말리려니 시간이 부족했어요. 그러자 마우이는 질긴 밧줄을 만든 뒤 형제들과 힘을 모아, 해를 사로잡아 마구 때렸어요. 해는 그만 때리라고 애원하다가 하늘을 지나갈 때 좀 더 천천히 가기로 약속했어요. 마우이는 이 제안을 받아들였고 해는 약속을 지켰어요. 그래서 그때부터 쭉, 낮 시간이 훨씬 더 길어졌지요.

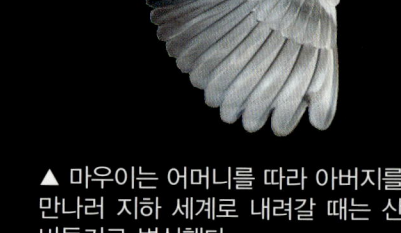

▲ 마우이는 어머니를 따라 아버지를 만나러 지하 세계로 내려갈 때는 산비둘기로 변신했다.

자연과 나라

▲ 마우이는 히네누이테포의 몸속으로 기어들어 가기 위해 도마뱀으로 변신했다.

거대한 물고기

마우이는 형제들과 고기잡이를 하러 갔다가, 바다 밑바닥에 가라앉아 있던 집의 지붕과 물고기 모양의 거대한 섬을 통째로 건져 올렸어요. 마오리 족은 이 섬이 뉴질랜드 북섬이라고 믿고 있어요. 그래서 이 섬을 '마우이의 물고기'라고 불러요.

죽음에 도전하다

마우이는 죽음의 여신인 히네누이테포의 몸속으로 들어가면, 인간을 불멸의 존재로 만들 수 있다고 믿었어요. 죽음의 여신이 잠들자, 도마뱀(혹은 애벌레)으로 변신해서 몸속으로 들어가기 시작했어요. 그 광경을 보고 놀란 새가 짹짹거리며 히네누이테포를 깨웠어요. 죽음의 여신은 허벅지 사이에 있는 마우이를 짓이겨 죽여 버렸어요.

 이야기 속으로

세드나와 트릭스터 갈까마귀

▲ 네네츠 족에게 신성한 썰매는 매우 중요하다. 어떤 사람들은 이 썰매를 조그마한 모형으로 만들어서 지니고 다니는데, 그들에게 썰매 모형은 인형만큼이나 중요하다.

북극의 정령

인형 신
시베리아의 순록 유목민 네네츠 족은 많은 신을 섬긴다. 신마다 조상 인형으로 만들어 모두 신성한 썰매에 싣고, 정기적으로 순록의 피를 바른다. '춤(순록 가죽으로 만든 움막)의 노부인'이라는 조상 인형은 집집마다 잠자리가 마련되어 있다. 네네츠 족은 춤의 노부인의 도움이 필요할 때마다 피와 보드카를 바친다.

배설물에서 창조된 세상
시베리아의 추크치 부족의 전래 동화에는 갈까마귀가 세상을 창조한 것으로 나온다. 갈까마귀가 하늘에서 똥을 쌌는데, 이 똥에서 세상이 생겨났다는 것이다. 또 갈까마귀가 높은 곳에서 떨어뜨린 바위에서 세상이 창조되었다고 전해지기도 한다.

태양의 딸
스칸디나비아에 사는 사미 족은 숭배하는 신과 여신이 많다. 이 가운데 하나가 태양의 딸 아크니디다. 사미 족은 아크니디가 한때 사람들과 어울려 살며 노래와 이야기를 가르치고 기술을 전수했다고 믿는다. 하지만 사람들은 아크니디가 지닌 지혜와 아름다움을 질투하여, 아크니디를 바위에 깔려 죽게 했다. 그 뒤로 아크니디는 영원히 하늘에서 산다고 한다.

바다는 북극에 사는 사람들의 삶을 지배하다시피 해요. 옛날부터 북극에 사는 동물은 사람들에게 음식과 옷이 되어 주고 있어요. 가죽으로 텐트를 만들고, 뼈로는 도구를 만들고, 동물 기름으로 램프를 켜지요. 이런 동물을 위해서 여신 세드나가 바다를 다스려요. 세드나가 여신이 된 이야기는 아주 인기 있는 신화인데, 변형된 이야기도 많아요.

세드나는 아름다운 여자아이로, 아버지와 함께 행복하게 살았어요. 그런데 세드나는 허영심이 아주 많았어요. 물에 비친 자신의 모습을 보거나 기다란 머리를 빗는 데 시간을 허비했지요. 많은 남자들이 청혼을 해도 세드나는 모조리 거절했어요. 보다 못한 아버지가 애원했어요.

"부탁이다. 이젠 먹을 것이 바닥이 나서 곧 굶어 죽을 지경이야. 너한테는 돌봐 줄 남편이 필요해. 다음번에 청혼하는 남자와는 꼭 결혼하거라."

하지만 세드나는 아버지의 말을 무시한 채, 계속 머리만 빗어 내렸지요.

얼마 뒤 낯선 사냥꾼이 세드나의 집에 왔어요. 사냥꾼은 추위를 막으려고 얼굴을 온통 가렸지만 모피 옷을 두르고 있어 부유해 보였지요. 세드나의 아버지는 사냥꾼에게 말했어요.

"여보시오, 혹시 아내를 찾는다면 이리 와서 아름다운 내 딸을 보시오. 나무랄 데 없을 거요."

사냥꾼은 세드나에게 음식을 풍족히 주고, 호화로운 옷을 입혀 주겠다고 약속했어요. 그렇게 일은 성사됐지요. 세드나는 소리를 지르며 저항했지만 사냥꾼이 타고 온 카약으로 끌려갔어요.

오랜 시간이 지난 뒤, 두 사람은 한 섬에 다다랐어요. 세드나가 주위를 둘러보니 집이나 텐트는 보이지 않고 바위와 절벽뿐이었지요. 그제야 사냥꾼은 얼굴을 드러내고 껄껄 웃었어요. 그는 변장을 한 갈까마귀였어요. 게다가 딱딱한 바위 위에 동물 털과 깃털을 모아 둔 뭉치가 세드나가 머물 집이었어요. 갈까마귀는 세드나에게 못되게 굴었어요. 맛있는 고기 대신 살아 있는 물고기만 물어 왔지요. 세드나는 날이 면 날마다 바람 부는 바위에 앉아 비참한 마음과 공포를 느끼며 울부짖었어요. 세드나의 아버지는 북극 바람에 실려 온 딸의 울음소리를 듣고 자신이 딸에게 고통을 주었다는 것을 깨달았지요. 아버지는 춥고 긴 여행을 한 끝

자연과 나라

에, 딸이 있는 섬을 찾아냈어요. 세드나는 아버지를 보자마자 아버지가 탄 카약으로 뛰어들었고, 두 사람은 힘껏 노를 저었어요.

그때 갈까마귀가 쏜살같이 그들을 쫓아왔어요. 아버지는 노로 갈까마귀를 때렸지만 갈까마귀가 두 날개를 물 위에 퍼덕이자 엄청난 폭풍우가 일었어요. 조그마한 카약이 거대한 파도 속에 잠기려는 순간, 아버지는 겁에 질려 세드나를 내던지며 소리쳤어요.

"딸아이를 다시 데려가게. 나는 내버려 둬!"

세드나는 비명을 지르며 배에 남아 있으려고 안간힘을 썼어요. 그런데 이미 이성을 잃은 아버지는 칼을 꺼내 세드나의 손가락을 잘라 냈어요. 바다에 떨어진 손가락들은 물고기, 바다표범, 수달, 고래로 변했어요. 마지막으로 세드나의 몸이 바다 밑으로 가라앉았어요. 세드나는 죽지 않고 머리와 몸은 여자이고, 물고기 꼬리를 가진 바다의 여신이 되었지요.

그 뒤로 세드나의 분노가 폭풍우를 사납게 일으킨다고 해요. 그리고 사냥꾼이 가족에게 줄 먹을거리를 찾지 못할 때는, 세드나가 생물들을 자기 가까이에 머물게 하기 때문이라고 해요.

세드나를 행복하게 해 주기
음식이 부족하면 샤먼은 바닷속으로 헤엄쳐 들어가 손가락이 없어 머리를 빗을 수 없는 세드나를 위해 머리를 빗겨 주었다. 그러면 세드나는 사냥꾼들에게 바다 생물을 많이 잡도록 허락해 준다. 지금도 사냥꾼들은 바다표범을 죽일 때, 바다표범 입에 물을 떨어뜨려 세드나에게 너그러움에 대한 감사를 나타낸다.

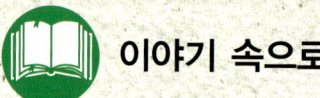 이야기 속으로

카앙과 세계의 나무

▲ 수천 년 전, 남아프리카 산 족의 그림이다.

창조신 카앙

가족 관계
카겐, 카근, 코, 토라, 캉으로도 알려진 카앙은 창조신이자, 자연의 신이다. 삼산(산 부족의 한 갈래) 부족의 신화에 따르면, 카앙은 사마귀 카겐이고 그의 아내는 벌들의 어머니 바우너구리였다. 둘이 입양한 딸이 호저이고, 호저는 쿰망아(미어캣)와 결혼했다.

고대 부족
카앙에 얽힌 이야기는 칼라하리 사막의 산 족(부시먼 족)에서 비롯되었다. 2만 년의 역사를 지닌 산 족은 세계에서 가장 오래된 부족 가운데 하나로 여겨진다. 수천 년 전, 산 족은 북아프리카에서 남아프리카로 옮겨 가며 이야기를 널리 퍼뜨렸다.

영적인 연관성
산 족은 자연과 깊은 연관이 있고, 살아 있는 모든 것은 영혼이 있다고 믿었다.

죽음의 신
카앙의 적은 죽음의 신인 가우나이다. 카앙은 가우나의 유령들이 각자 무덤에서 일어나 세상을 침범하지 않도록 막는 법과 의식을 인간에게 가르쳤다. 그런데 인간이 이를 무시하자, 불멸의 비밀을 간직한 채 하늘로 올라갔다. 그 뒤로 인간은 죽음의 신의 먹이가 되었다.

▶ 카앙은 기도하는 사마귀의 모습으로 인간을 찾아온다고 한다.

옛날 옛적에 사람과 동물들은 세상 지표면 아래에서 다 같이 평화롭게 살았어요. 비록 해는 없었지만 빛이 있어서 따뜻하게 살았지요. 필요한 것은 모두 있었지요. 사람과 동물들은 서로서로 이해하며 행복하게 살았어요.

어느 날, 창조신 카앙은 또 다른 세상을 만들기로 했어요. 카앙은 거대하고 아름다운 나무를 만들었지요. 나뭇가지들은 온 들판 위로 뻗어 나갔고, 카앙은 나뭇가지에 최고로 멋진 것을 가득 채웠어요. 그러고는 인간과 동물이 사는 곳으로 내려가는 자리에 구멍을 팠어요. 카앙은 손으로 한 남자를 잡고, 지상으로 올라오는 통로로 이끌었어요.

그들이 구멍 옆에 앉자, 곧이어 한 여자가 입구에 나타났어요. 여자와 남자는 함께 세상을 탐험한 뒤, 자신들이 본 모든 것에 무척 기뻐했어요. 두 사람은 다른 사람들에게 모두 올라오라고 구멍에 대고 소리쳤어요. 사람과 동물 모두 기린의 안내를 받아 새로운 세계로 올라왔어요. 새들은 신 나게 나뭇가지 꼭대기를 날아다녔고, 다른 동물들도 주위를 둘러보며 만족해했지요.

카앙은 이들을 모두 불러 모아 새로운 세계에서 지켜야 할 규칙을 설명했어요. 서로에게 귀를 기울이며 평화롭게 살라고 했지요. 또 불은 세상에 악을 가져오므로 불을 피우지 말라고 경고했어요.

자연과 나라

사람들은 새로운 규칙을 충실히 따르겠다고 약속했어요. 카양은 그곳을 떠나, 그들을 몰래 지켜볼 수 있는 곳으로 갔어요. 해가 질 무렵까지는 모두 잘 지냈어요. 해가 사라지자 점점 더 춥고, 어두워졌지요. 사람들은 슬슬 걱정되기 시작했어요. 사람들도, 동물들도 아무것도 눈에 보이지 않았지요. 게다가 사람들은 몸을 따뜻하게 할 털이나 깃털이 없어서 추위에 벌벌 떨었어요. 해는 어디로 갔을까? 다시 나타나기는 할까? 이렇게 어둡고 추운 세상에 영원히 갇힌 건 아닐까?

걱정은 공포로 변했고, 사람들은 겁에 질려 허둥댔어요. 그러다 누군가 갑자기 불을 피워야 한다고 외쳤어요. 다른 사람들도 맞장구를 쳤어요. 마침내 사람들은 불을 피웠고 모두 불 주위로 모였어요. 사람들은 행복해하며 동물들이 있는 쪽을 돌아봤어요. 그런데 동물들은 어디에도 보이지 않았어요. 불을 보고 겁에 질려 달아나거나 숨은 거예요.

사람들이 돌아오라고 외쳤지만 동물들은 더 이상 사람들이 하는 말을 이해하지 못했어요. 그저 사람들이 외치는 소리를 듣고 달아나기만 했지요.

순간 사람들은 카양과 한 약속을 떠올리고는 침묵에 빠졌어요. 카양과의 약속을 어긴 바람에 동물 친구들과의 특별한 관계가 영원히 깨지게 된 것이지요.

세계 둘러보기

최초의 인간

세계의 많은 신화에는 태초에 신들이 나무나 진흙 같은 흔한 재료로 인간 모형을 본뜨고, 완벽한 인종을 만들려고 애쓴 몇 가지 시도에 대해 실려 있어요. 어떤 신화에는 단 한 종족이 완벽한 보금자리를 찾아 이쪽 세계에서 저쪽 세계로 여행한 이야기만을 다루지요.

◀ 아스크와 엠블라, 북유럽
신들은 인간이 살 곳을 만든 뒤, '미트가르트'라고 불렀다. 그리고 거대한 이미르의 눈썹으로 미트가르트를 둘러쌌다. 남자 아스크는 쓰러진 물푸레나무로, 여자 엠블라는 쓰러진 느릅나무로 만들어졌다. 오딘은 이 둘에게 생명을 불어넣었고, 빌리는 생각과 감정을, 베는 시력과 청력을 주었다.

▲ 코요테, 북아메리카
많은 북미 원주민들은 코요테를 창조신으로 여긴다. 해안가 미워크 부족에게는 코요테가 칠면조와 독수리, 갈까마귀와 까마귀 깃털로 사람을 만들어 낸 이야기가 전해져 내려온다.

▲ 창조신들, 마야
고대 마야 문서 '포폴 부흐'는 창조신들이 동물을 만들어 낸 이야기, 동물들이 신을 숭배하지 않은 이야기를 담고 있다. 그 뒤 신들은 점토로 생물을 만들었지만 이들도 신을 외면했다. 세 번째 종족은 나무를 깎아 만들었지만, 신들이 홍수를 일으켜 이들을 멸망시켰다. 네 번째이자 마지막 종족은 옥수수를 반죽하여 만들었다.

자연과 나라

▲ 거미 여인, 북아메리카
호피 족, 나바호 족, 체로키 족을 포함한 몇몇 북미 원주민 전설에 거미 여인이 나온다. 거미 여인은 인간이 한 세계에서 다른 세계로 가는 것을 도와줬다.

▲ 크눔, 고대 이집트
고대 이집트에서는 인류의 창조신이자 나일 강의 신 크눔이 점토로 아이를 빚어서 여자의 자궁 속에 두었다고 한다.

◀ 티키, 폴리네시아
몇몇 신화에는 새와 숲의 신인 타네가 남자 '티키'를 만들고, 그다음에 여자를 만든 이야기가 있다. 티키가 점토와 피를 섞어서 첫 번째 인간을 만들었다는 신화도 있다.

◉ 폴리네시아의 신들에 대해 더 알고 싶으면 22쪽을 보세요.

◀ 여와, 중국
여와 여신은 외로움을 느껴 점토로 첫 인간을 만들었다. 그러나 자신이 만든 창조물이 점점 늙어 죽는다는 사실을 깨닫고 새로운 인간을 계속 만들어 내기 싫어서, 인간에게 자손을 낳는 능력을 주었다.

▲ 프로메테우스, 고대 그리스
제우스는 프로메테우스에게 진흙으로 사람을 빚는 일을, 동생 에피메테우스에게는 사람에게 유용한 특성을 주는 일을 맡겼다. 불행하게도 에피메테우스는 다른 동물들에게 웬만한 특성은 다 나눠 주어, 인간에게 줄 좋은 특성이 아무것도 없었다. 그래서 프로메테우스는 인간에게 똑바로 걷고 불을 피우는 능력을 주었다.(34쪽 참고)

 누구일까요?

고대 그리스의 신

고대 그리스 사람들은 불멸의 신과 여신들이 있다고 믿었어요.
신들은 인간의 일상생활에 관심이 많았고 인간처럼 감정도 지니고 있었지요.
그들은 하늘과 땅을 돌아다니는 건장한 거인 족 티탄과 가족이었어요.
제우스는 이들의 왕이 되어, 아내와 아이들과 함께 그리스에서 가장 높은
올림포스 산에 살았어요.

가이아(텔루스)
대지의 여신
태초에 카오스에서 태어났다. 가이아는 첫아들 우라노스와 결혼했다.

우라노스와 가이아에게는 티탄이라는 열두 아이가 있었다. 그 가운데 두 명이 크로노스와 레아이다.

크로노스(사투르누스)
시간의 신
티탄들 가운데 가장 어렸지만 아버지를 죽이고 하늘의 지배자가 되었다.

레아(키벨레)
신들의 어머니
크로노스가 자식들을 집어삼키자 레아는 제우스가 잡아먹히지 않도록 보호했다.

데메테르(케레스)
대지의 여신
인간에게 씨를 뿌리고 쟁기로 밭을 일구는 법을 가르쳤다. 가끔 곡식과 함께 그려진다.

헤라(유노)
결혼의 여신
제우스가 사랑한 다른 여인과 자식에게 벌을 주곤 했다.

제우스(유피테르)
하늘과 땅의 신
크로노스를 죽이고 뒤이어 지배자가 되었다. 적에게는 벼락을 던졌다.

포세이돈(넵투누스)
바다의 신
바다 밑에 산호와 보석으로 지은 궁전에서 살았다. 화가 나면 풍랑을 일으켰다.

헤라와 제우스는 아레스, 헤베, 헤파이스토스, 에일레이티이아를 낳았다.

제우스는 여러 여인 사이에서 아이를 많이 낳아 헤라의 분노를 샀다.

아레스(마르스)
전쟁의 신
잔인하고 난폭하여 다른 신들이 좋아하지 않았다. 독수리와 함께 그려지곤 한다.

헤베(유벤타스)
청춘의 여신
넥타르를 잔에 따르는 역할을 맡았다. 신들은 불멸을 유지하기 위해 넥타르를 마셨다.

헤파이스토스(불카누스)
대장간의 신
공예가를 후원하고, 도끼나 대장장이의 쇠망치를 휘두르는 모습으로 그려진다.

자연과 나라

우라노스 (카일루스)
하늘의 신
우라노스는 자신의 아이인 티탄들과 키클롭스와 다른 거인들을 싫어했다.

크로노스가 우라노스를 토막 내자, 우라노스의 피가 떨어진 바다에서 아프로디테가 솟아났다.

아프로디테 (베누스)
사랑과 아름다움의 여신
왕의 홀, 미르틀, 비둘기와 함께 그려지곤 한다. 헤파이스토스의 아내이다.

티탄들의 전쟁
제우스는 아버지 크로노스와 다른 티탄들에 맞서 끔찍한 전쟁을 일으켰다. 이 전쟁에서 제우스가 이겨 하늘의 지배자가 되었다. 제우스의 어머니와 형제자매와 몇몇 거인들이 제우스를 도왔다.

▲ 신과 거인들의 전쟁을 묘사한 고대 그리스 프리즈

그리스어에서 라틴어로
로마 사람들은 고대 그리스의 신과 여신들을 숭배했지만 이들에게 라틴어 이름을 붙여 주었다. 괄호 속에 적힌 이름이 라틴어 이름이다. 로마 사람들은 신들에게 그리스 신과 똑같은 특징을 지니게 했고, 많은 신화를 덧붙였다.

하데스 (플루톤)
지하 세계의 신
죽은 자들의 땅을 다스렸다. 머리에 쓰면 모습이 보이지 않는 투구를 지녔다.

헤스티아 (베스타)
가정의 여신
산속에서 불을 지키기 위해 올림포스 산에 마련된 자신의 자리를 포기했다.

아테나 (미네르바)
지혜와 전쟁의 신
완전히 무장한 채로 제우스의 머리에서 솟아났다. 부엉이와 올리브 나무가 아테나를 상징한다.

아폴론 (아폴로)
빛과 음악과 치유의 신
음악에 재능이 있고 시적이고 열정적인 사냥꾼이었다. 사랑하는 여인들에 대한 신화가 많은 것이 특징이다.

헤르메스 (메르쿠리우스)
무역과 여행자를 보호하는 신
신들 사이에 전갈을 나르는 일을 했다. 카두세우스(날개 달린 지팡이)와 날개 달린 신발과 모자를 지녔다.

아르테미스 (디아나)
달과 야생 동물의 여신
여러 요정과 야생 동물들과 함께 산을 돌아다녔다.

디오니소스 (바쿠스)
포도주와 연회의 신
즐거운 축제 기분을 내기도 하고, 잔인하고 화를 내기도 했다. 포도주를 발명했다고 전해진다.

이야기 속으로

프로메테우스

티탄
프로메테우스는 하늘의 신인 우라노스와 땅의 여신인 가이아가 탄생시킨 거인족, 티탄이었다. 프로메테우스의 부모도 모두 티탄인 이아페투스와 테미스였다. 아틀라스, 에피메테우스, 메노에티우스는 프로메테우스의 형제들이다. 프로메테우스는 프로노이아와 결혼하여 '데우칼리온'이라는 아들을 낳고, 데우칼리온은 피라와 결혼했다. 피라는 에피메테우스와 첫 번째 여자 판도라 사이에서 태어난 딸이다.

이름에 이런 뜻이?
프로메테우스는 '먼저 생각하는 자'라는 뜻이고, 동생 에피메테우스는 '나중에 생각하는 자'라는 뜻이다.

인간에게 불을 주다
신들의 지배자 제우스가 인간한테서 불을 숨겨 버리자, 프로메테우스는 불을 훔치기 위해 하늘로 올라갔다. 그는 속이 빈 펜넬 식물 줄기에 불길을 숨기고 땅으로 가지고 왔다.

불멸
그리스 신화 가운데 프로메테우스가 켄타우로스 족인 케이론을 도와준 뒤 불멸을 얻었다는 이야기가 있다. 케이론은 헤라클레스가 쏜 독화살을 맞고 너무도 고통스러워 죽고 싶었다. 그러나 불멸의 존재였기 때문에 죽을 수가 없었다. 프로메테우스는 그를 가엾게 여기고, 자신이 지닌 인간으로서 죽을 권리를 케이론에게 주었다. 그래서 케이론의 불멸은 프로메테우스가 가지게 되었다.

세상에 악은 어떻게 생겨났을까?

인간은 정기적으로 신들에게 고기를 제물로 바쳤어요. 그런데 프로메테우스는 신들이 늘 고기의 가장 좋은 부분을 가진다는 사실을 알았지요.
프로메테우스는 자신이 만든 인간을 돕고 싶어 꾀를 냈어요.

맨먼저 프로메테우스는 인간에게 꾸러미를 두 개 준비하게 했어요. 하나는 뼈를 수북이 쌓아 비계로 감싸고, 다른 하나는 고기를 동물 내장으로 감싸 놓았지요. 그러고는 두 제물을 제우스에게 바쳤어요. 예상대로 제우스는 비계로 덮어 더 좋아 보이는 꾸러미를 선택했지요.

제우스는 궁으로 돌아가 제물을 풀어 보자마자 불같이 화를 냈어요. 제우스는 감히 신을 속인 벌로 인간에게 불에 대한 지식을 알려 주지 않기로 결심했어요. 어쨌거나 인간은 신보다 열등하고, 불과 같은 엄청난 힘을 슬기롭게 쓰지 못하리라 생각했지요.

그러나 프로메테우스는 인간을 불쌍히 여겨, 남몰래 신의 불을 조금 훔쳐서 인간에게 주었어요. 또 인간에게 불을 사용해서 음식을 만들고 쇠를 녹여 무기를 만드는 법을 가르쳐 주었지요.

제우스는 자신을 속이고 순종하지 않은 프로메테우스와 인간 모두에게 벌을 주기로 했어요. 프로메테우스에게는 코카서스 산 바위에 사슬로 칭칭 감겨 날마다 독수리가 간을 쪼아 먹는 벌을 주었어요. 이런 일이 밤낮으로 수천 년 동안 반복되다가 마침내 헤라클레스가 독화살을 쏘아 독수리를 죽였어요.

신들은 인간을 벌하기 위해서 첫 번째 여자를 선물했어요.

헤파이스토스가 진흙으로 여자를 만들었고, 아테나는 이 여자에게 생명을, 헤르메스는 설득하고 속이는 기술을, 아프로디테는 아름다움을 주었어요. 신들은 여자에게 '모든 선물'이

▲ 프로메테우스와 코카서스 산의 독수리

자연과 나라

또 다른 결말
나중에 전해진 판도라 신화에 따르면, 판도라의 상자에는 이 세상에서 가장 좋은 것들이 모두 담겨 있었다. 판도라가 상자를 여는 순간, 좋은 것들이 튀어나와 올림포스 산에 있는 신에게 돌아가 버렸고, 이 세상에는 악과 희망만이 남게 되었다고 전해진다.

▲ 때로는 판도라가 제우스에게 상자를 선물받았다고 전해진다.

라는 뜻을 가진 '판도라'라는 이름을 지어 주었어요. 그리고 에피메테우스가 판도라를 아내로 삼게 했어요.

　제우스는 판도라에게 단단히 봉인된 궤를 마지막 선물로 주었어요. 그리고는 절대로 궤를 열어서는 안 된다고 경고했어요. 땅에서 살게 된 판도라는 궤 안에 뭐가 들었는지 너무도 궁금했어요. 그래서 더는 참지 못하고 궤를 열어 보았어요. 판도라가 궤 뚜껑을 열자, 모든 악과 질병이 튀어나와 순식간에 전 세계로 퍼져 나갔어요. 판도라는 깜짝 놀라서 뚜껑을 닫았는데 그때 빠져나가지 않고 남아 있던 것이 바로 희망이었답니다.

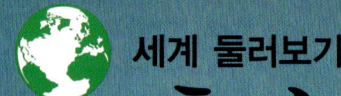 세계 둘러보기
홍수 이야기

고대 신화에는 복수심에 불타는 신이 과거를 묻고 새롭게 창조하려고 가끔 홍수를 일으키곤 해요. 몇몇 홍수 신화는 산에서 발견된 조개껍데기와 물고기 화석에서 비롯되었어요.

길가메시에 대해 더 알고 싶으면 126쪽을 보세요.

▲ 우트나피시팀, 메소포타미아
길가메시 서사시에 나오는 우트나피시팀은 엄청난 홍수에서 살아남은 사람이다. 그는 한 신으로부터 세상에 인간이 너무 많아 다른 신들이 홍수를 일으키려 한다는 경고를 받았다. 우트나피시팀은 네모난 배를 만들어 가족과 그의 동물들과 함께 일주일 동안 이어진 폭풍우에서 살아남았다.

▲ 나바호 족, 북아메리카
나바호 전설에는 하나씩 차례로 창조된 세상이 여러 개 있었다고 한다. 첫 번째 인간이 첫 번째 세상에 올라갔는데 마음에 들지 않았다. 그들은 또 다른 세상에 올라갔고 마음에 들지 않자 그다음 세상으로 또 올라갔다. 세 번째 세상도 행복하지 않은 곳이었다. 엄청난 홍수가 일어나 세상을 없앴지만 최초의 인간이 산을 쌓은 덕분에 사람들은 피신할 수 있었다.

◀ 찰치우틀리쿠에, 멕시코
강과 호수의 멕시코 여신은 나쁜 이들을 없애려고 전 세계에 홍수를 일으켰다. 착한 이들은 물고기로 변해 살아남았다.

자연과 나라

▲ 비라코차, 잉카
최초의 인간들은 악하여 홍수로 물에 빠져 죽었다. 창조신 비라코차는 돌로 또 다른 인간을 만들고 거지로 변장하여 사람들에게 살아가는 법을 가르치며 여행을 다녔다. 그러나 최초의 인간만큼 악한 모습을 보고 울음을 터뜨렸다.

▶ 제우스, 고대 그리스
제우스는 자신이 창조한 세 번째 인종에게 화가 나서 홍수를 일으켜 모두 없애기로 마음먹었다. 그러나 프로메테우스는 아들 데우칼리온과 그의 아내 피라에게 이 사실을 알려주어 살아남게 했다.

▲ 비슈누, 인도
마누 왕이 강에서 씻고 있는데 물고기 한 마리가 헤엄쳐 와서는 살려 달라고 애원했다. 마누 왕이 물고기를 보살피자 물고기는 점점 커지더니 마침내 비슈누 신의 모습으로 나타났다. 비슈누는 대홍수를 조심하라고 이르며, 마누 왕이 배에 피신하도록 도왔다. 배에는 여러 씨앗과 약초와 동물을 싣고, 슬기로운 몇몇 사람들을 태웠다.

◀ 노아, 중동
유대교와 이슬람교와 기독교 성경에 노아와 대홍수 이야기가 나온다. 인간이 신을 섬기지 않자, 그 벌로 40일 동안 홍수가 일어났다. 신은 배에 탄 노아만 살려 두었다. 지상에서 노아만이 의로운 사람이었기 때문이다. 신은 홍수를 일으킨 뒤에 다시는 살아 있는 것을 멸하지 않겠다고 약속했다.

37

 **이야기 속으로**

멕시코 신

가족 관계
오메테오틀은 아즈텍 신화에 나오는 최초의 신이다. 그는 남성 오메테쿠틀과 여성 오메시와틀로 존재했다. 자식으로는 태양 신 우이칠로포츠틀리, 바람의 신 케찰코아틀, 어두운 거울의 신 테스카틀리포카, 풍요의 신 히펙토텍을 두었다.

이름에 이런 뜻이?
'케찰'은 중앙아메리카에서 볼 수 있는 초록색 깃털을 가진 새이다. '깃털이 있는' 또는 '소중한'이라는 뜻을 나타낼 때 쓰인다. '코아틀'은 '뱀'이라는 뜻이지만 '쌍둥이'라는 뜻도 있다.

멕시코의 창조신
깃털 달린 뱀 신인 케찰코아틀은 멕시코에서 수천 년 동안 숭배되었다. 올메크 문명의 신전 조각품은 3,500년이 되었다. 서멕시코의 마야 문명도 케찰코아틀과 비슷하게 생긴 깃털 달린 새, 쿠쿨칸을 숭배했다.

전설적인 지배자
케찰코아틀은 톨텍 문명의 통치자로서 '토필친'이라는 실제 인물로 생각된다.

▲ 코르테스와 선물을 교환하는 아즈텍 왕 모크테수마

에스파냐 인의 도착
에스파냐 인이 멕시코에 처음 왔을 때, 아즈텍의 통치자는 자신의 백성을 구해 줄 케찰코아틀이 돌아온 줄 알고 원정대 대장인 에르난 코르테스를 열렬히 환영했다.

케찰코아틀과 테스카틀리포카

네 개의 세상을 차례로 창조한 케찰코아틀은 자신이 만든 다섯 번째 세상을 보고 행복해했어요. 케찰코아틀은 남자 모습으로 변해 툴라의 톨텍 도시로 가서 제사장 왕이 되었어요. 훌륭하고 능력 있는 통치자였고 사람들에게 농사짓는 법, 천 짜는 법, 글쓰기, 연주, 춤, 예술 등을 가르쳤어요. 그리고 인간을 위한 법을 제정하고, 인간을 제물로 바치는 것을 금지하며 지혜롭게 다스렸어요.

하지만 케찰코아틀처럼 착한 신만 있는 게 아니었어요. 케찰코아틀과 형제이지만 악한 신, 테스카틀리포카도 있었지요. 그는 케찰코아틀이 공정하게 대하는 방식을 싫어하고 사람들을 다스리는 힘을 질투했지요. 그래서 케찰코아틀을 속여 지배자 위치에서 끌어내리려는 음모를 꾸몄어요.

▶ 창조신 케찰코아틀은 깃털과 뱀의 모습으로 그려지곤 한다.

어느 날, 테스카틀리포카는 노인으로 변장해서 케찰코아틀을 찾아갔어요. 노인은 마법의 물약을 케찰코아틀에게 선물했지요. 그러면서 그 물약을 마시면 젊어지는 기분이 들고 새로운 힘을 얻을 거라고 말했어요. 케찰코아틀은 물약이 그냥 평범한 술인 줄도 모르고 마셨어요.

테스카틀리포카는 케찰코아틀이 술에 취해 정신이 흐리멍덩해진 틈을 타서, 자신의 모습을 그린 그림을 그에게 보여 주며 거울이라고 말했어요. 케찰코아틀은 공포에 질렸어요. 거울 속에 비친 자기 모습이 너무 늙어 보였기 때문이에요. 케찰코아틀이 충격을 받고 힘없이 서 있는 사이에 테스카틀리포카는 케찰코아틀이 사람들에게 준 선물들, 곡식이니 음악이니 예술, 마지막에는 사람들마저도 죄다 파괴해 버렸지요.

자연과 나라

선과 악
선과 악의 끊임없는 싸움은 전 세계 신화에서 반복되는 주제이다. 중동에는 생명의 창조자 스펜타 마이뉴(아후라 마즈다)와 파괴자 앙그라 마이뉴가 맞서는 이야기가 있다. 북아메리카의 이로쿼이 족, 모호크 족, 휴런 족에게는 선과 악의 쌍둥이 창조자가 서로 끊임없이 다투는 이야기가 전해 온다.

◀ 악의 신 테스카틀리포카

술에서 깬 케찰코아틀은 괴로운 나머지 자신의 궁전에 불을 지르고 새들에게 땅을 떠나도록 명령했어요. 그러고는 뱀으로 뗏목을 만들어 대서양을 표류했지요. 케찰코아틀이 태양을 향해 떠내려갈 때 그의 몸은 불에 타 죽고 말았어요. 그의 심장은 위로 솟아올라 샛별인 금성이 되었어요.

케찰코아틀은 떠나기 전에 자신이 바라던 것을 이룬 테스카틀리포카에게 언젠가 다시 돌아와서 평화롭고 만족스러운 왕국을 다스리겠다고 맹세했지요.

인형극 만들기
다양한 색의 그림 인형을 가지고 직접 이야기를 들려 주세요. 그림에 기름종이를 대고 똑같이 따라 그린 다음 색칠하세요. 완성한 기름종이를 두꺼운 종이에 붙이고 모양을 따라 자르세요. 자른 그림을 막대기에 붙이면 이야기를 들려줄 준비 끝! 재미난 역할극을 할 때도 활용해 보세요.

누구일까요?

이집트의 신

고대 이집트에는 2,000명이 넘는 신이 있었어요. 그 가운데 몇몇 신은 전 지역에서 숭배를 받았고, 다른 신들은 한 지역에서만 숭배를 받았어요. 이집트 사람들은 아마를 두려워했고, 신을 화나게 할까 봐 걱정했어요. 그들은 신이 인간의 삶을 지배하고 모든 면에서 영향을 끼친다고 생각했지요.

최초의 파라오

고대 이집트 사람들은 나르메르(와 사진)처럼 자신들의 지배자는 반은 인간이고 반은 신이며, 라의 직계 후손이라고 믿었다. 라는 인간의 모습을 하고 첫 번째 파라오가 되었다. 그리하여 이시스는 라를 파라오에서 물러나게 하려고, 마술 써서 그의 이름에 짐든 비밀스러운 힘을 넘겨받았다. 그 덕분에 이시스의 아들 오시리스는 살아 있는 파라오가 되었고, 남편 오시리스는 지하 세계를 다스리는 죽은 파라오가 되었다.

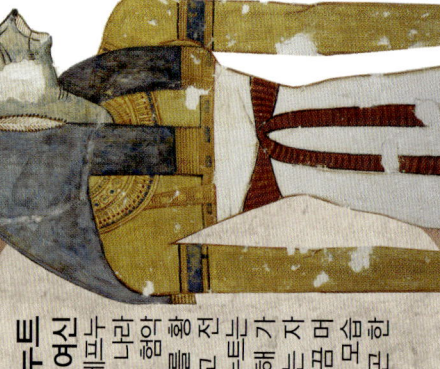

테프누트 비의 여신
기원전 2200년, 테프누트가 슈와 다투다 나라를 떠나자, 날씨가 험악하게 변해 이집트를 홍수에 잠들게 만들었다고 한다. 테프누트는 고양이로 변해 가까이 다가오는 자를 죽였지. 기품 머리가 얹자 모습으로 묘사되곤 한다.

아톰 라 태양 신
태초에 누이라는 거대하고 움직임 없는 물에서 최초로 나타난 존재이다. 아톰 라는 창조신으로서 모든 것을 만들고 이름을 붙였다.

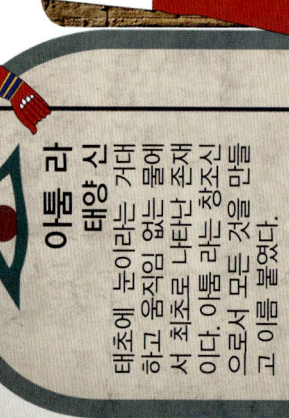

아톰이 내뱉은 숨기는 딸 테프누트가 되고, 공기는 아들 슈가 되었다.

쌍둥이는 결혼하여 게브와 누트라는 두 아이를 낳았다.

누트 하늘과 별의 여신
누트는 사후 세계로 들어온 죽은 자의 수호자이다. 이집트에서는 돌무화과나무로 건물 짓기 때문에, 누트는 돌무화과 나무로 그려지기도 한다. 다른 모습으로는 할 모양으로 몸을 구부려 별들을 담아, 우주 돈과 아래쪽 정도된 세계를 나누어 버린다.

슈 대기의 신
아침마다 태양이에게 생명을 가져다준다고 한다. 슈와 테프누트는 사자의 모습으로 숭배를 받았다. 사람들은 아침 날 태양이 아침처럼 깨어나기 위해 확실히 사자가 리 방향을 보고 첫 빛을 맞는다고, 또한 쉬는 하늘을 떠받친다.

게브 대지의 신
한 팔은 땅을 짚고 무릎을 세운 채 땅에 누운 모습으로 그려진다. 신과 게브로는 나타낸 모습이다. 고대 이집트 사람들은 게브가 웃을 때 지진이 일어난다고 믿었다.

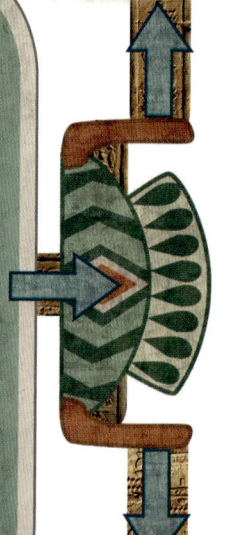

▲ 게브의 몸은 나일 강의 곡선 따라 펼쳐진 비옥한 진흙처럼 짙은 색으로 칠했다.

게브와 누트는 오시리스, 이시스, 네프티스, 세트 이렇게 네 아이를 가졌다.

세트
폭력과 사막(이국땅)의 신

강력한 이 신은 빨간색과 관련이 있다. 이들트 오로 사막이라는 단어와 비슷하기 때문에 이집트의 통치권을 빼앗으려고 형을 죽였다.

▲ 세트의 머리는 미지의 동물 모습이다.

네프티스
신성한 도움과 보호의 신

슬퍼하는 사람들을 위로하고, 죽은 자들이 지하 세계까지 가는 밤 배 항해에 함께 따라가 주었다.

▲ 네프티스는 보호의 상징으로 날개를 쫙 펼쳐 매우 함께 그려지곤 한다.

오시리스
죽은 자의 신

형제 세트 손에 목숨을 잃고, 열네 조각으로 찢겨 여기저기 흩어진 몸뚱이를 이시스가 마법으로 모아서 부활시켰다.

▲ 오시리스는 죽은 파라오 모습을 하고 있다. 갈고리 모양의 아다기와 도리깨를 들고 이집트 왕관을 쓴 미라로 그려진다.

아누비스
시체 방부 처리의 신

처음에는 죽음의 신이었지만 오시리스에 의해 죽은 자들 지하 세계로 이끄는 안내자가 되었다.

▲ 아누비스는 어두운 그림자 속에 숨어 모지를 살피는 자칼의 머리를 하고 있다. 개의 머리와도 비슷하다.

오시리스는 네프티스의 유혹을 받고 아누비스라는 아이를 두었다.

이시스
마법과 생명의 여신

마법의 힘을 지닌 이 여신은 죽은 오시리스를 금어 살렸을 아니라 헌신적인 어머니로서 아이자 호루스에게 세상에서 가장 위대하고 사랑받는 존재이다.

▲ 이시스라는 이름은 왕좌를 뜻한다.

이시스는 오시리스와 결혼하여 호루스를 낳았다.

호루스
하늘, 전쟁, 보호의 신

이집트에서는 새로 왕위에 오르는 파라오를 호루스 신의 또 다른 모습이라고 생각했다. 호루스는 왕관을 쓴 매의 모습으로 그려졌다.

▲ 호루스는 한쪽 눈은 태양이지만 다른 쪽 눈은 달이다. 세트와 싸우다가 왼쪽 눈을 다쳤기 때문이다.

죽은 자의 책-심판 장면

고대 이집트 사람들의 관에는 주술이 적힌 책이 들어 있을 때가 많았다. 이 책에는 죽은 자가 사후 세계를 여행하는 모습도 담겨 있었다. 오른쪽 그림은 후네페르라는 남자의 책에 나온 장면인데, 아누비스가 저울 양쪽에 후네페르의 심장과 진실의 여신이 마트의 깃털을 올려놓고 저울질하고 있다. 저울질한 결과는 깃털보다 가벼우면 토트가 기록했다. 심장이 깃털보다 가벼우면 지하 세계로 들어간다. 그러나 깃털보다 심장이 더 무거우면, 악어와 사자 머리를 하고 기다리는 아무트에게 잡아먹힌다.

41

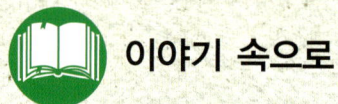 이야기 속으로

페르세포네

봄의 여신
페르세포네는 대지의 여신 데메테르와 제우스의 딸이다. 페르세포네는 지하 세계의 여왕과 봄의 그리스 여신으로 숭배받았다. 그리스 이름으로는 '죽음을 불러온다'는 뜻이고, 로마 이름으로는 '피어 나오다'라는 뜻이다.

불길한 미신
페르세포네가 죽은 자들의 세계에서 돌아온 뒤, 페르세포네라는 이름을 입에 올리는 것이 불길하게 여겨졌다. 그래서 단순하게 '아가씨'라는 뜻을 지닌 '코레'로 불렸다.

▲ 페르세포네는 하데스와 결혼한 구속의 상징으로 석류를 들고 있다.

데메테르

대지의 여신
데메테르는 얼굴에 베일을 드리우고, 곡식 다발이 담긴 염소 뿔을 든 모습으로 그려지곤 한다. 이 뿔을 코르누코피아 또는 '풍요의 뿔'(32쪽 참고)이라고 한다. 때로는 횃불을 들고 있는데, 딸을 찾으며 주위를 경계하는 모습을 상징화한 것이다. 불멸의 비밀을 지닌 여신으로 여겨진다.

님프

세이렌이 된 님프
로마 시인 오비드에 따르면, 데메테르는 자신의 딸을 구하지 않은 님프들에게 몹시 화가 났다. 그래서 님프들을 '세이렌'이라는 새 여인으로 바꾸고 딸을 찾도록 보냈다. 세이렌은 날아가면서 페르세포네에게 돌아와 달라며 노래를 불렀다.

사계절에 담긴 이야기

그리스 대지의 여신 데메테르에게는 페르세포네라는 딸이 있었어요. 페르세포네는 아름다운 아가씨로, 잘 익은 곡식 같은 황금빛 머리카락에 달빛처럼 하얀 피부를 지녔지요. 수많은 올림포스 신들이 아름다운 페르세포네를 보며 가슴 설레하자 데메테르는 딸을 숨겼어요.

어느 날, 페르세포네가 들판에서 님프들과 놀고 있는데 갑자기 땅에 금이 가더니 시커멓고 무섭게 생긴 남자가 마차를 몰고 나타났어요. 페르세포네와 데메테르도 모르는 사이에, 제우스가 자신의 딸을 지하 세계의 지배자 하데스에게 주기로 약속했거든요. 하데스는 페르세포네에게 자신의 신부가 되어야 한다고 했어요. 그러고는 페르세포네가 미처 도망가기도 전에, 페르세포네를 붙잡아 땅속 깊은 곳에 있는 자신의 어두운 궁전으로 데려갔어요.

데메테르는 딸이 납치당했다는 소식을 듣고 몹시

자연과 나라

슬퍼했어요. 그길로 잃어버린 딸을 미친 듯이 찾아다녔지요. 마음이 너무도 괴로운 나머지, 곡식과 자라나는 모든 것을 돌보는 의무도 잊었어요. 들판의 곡식은 시들어 죽고 땅은 바싹 말라 황량해졌지요. 태양은 데메테르를 불쌍히 여겨 하데스가 페르세포네를 데려갔다고 알려 주었어요. 데메테르는 얼굴을 감싸고 울음을 터뜨리며 쓰러졌지요.

제우스는 땅에서 벌어지는 일을 보고 불안했어요. 그래서 헤르메스를 지하 세계로 보내 페르세포네를 데려오라고 했지요. 페르세포네가 지하 세계에서 아무것도 먹지 않았다면, 그곳을 자유롭게 떠날 수 있었어요.

하데스는 페르세포네를 돌려보내는 데 동의했지만, 교활하게도 페르세포네에게 석류를 먹게 했어요. 페르세포네가 석류를 먹자마자 하데스는 이제 영원히 지하 세계에 속해 있어야 한다는 사실을 밝혔지요. 페르세포네는 지하 세계를 나가서 어머니와 여덟 달 동안 함께 지낼 수 있었어요. 하지만 반드시 하데스에게 돌아와 나머지 기간 동안 지하 세계의 여왕이 되어야 했지요.

페르세포네가 땅 위로 올라와 어머니와 함께 지내는 동안 세상은 아름답고 초록빛이 되었어요. 하지만 지하 세계로 돌아가 있는 동안, 데메테르는 식물을 돌보지 않고 자라나는 모든 것을 허락하지 않았어요. 그래서 가을과 겨울이라는 계절과 식물이 자라는 계절이 생겼지요.

▲ 페르세포네는 봄과 여름에 어머니 데메테르와 다시 만났고, 가을과 겨울마다 남편 하데스에게 돌아가야 했다.

계절이 생긴 이유

각 문화마다 매년 지하 세계에서 돌아오고 다시 그곳으로 내려가는 신이 있는데, 이는 계절의 순환과 똑같다. 고대 메소포타미아에서는 목자의 신 두무지(탐무즈)가 아내 인안나가 집으로 돌아올 수 있도록 지하 세계에 머물러야 한다. 또한 두무지의 누이는 두무지가 인안나와 지낼 수 있도록, 일 년 중 여섯 달을 두무지 자리를 메워 주었다.

◀ 인안나가 남편과 떨어져 지상에 있을 때는 가을과 겨울이다. 두무지가 인안나에게 돌아오면, 봄과 여름이 뒤따른다.

43

세계 둘러보기

지하 세계

생명체가 사는 땅 밑에는 지하 세계가 있어요. 생명체가 죽은 뒤 영혼이 가는 곳이지요. 어떤 문화권에서는 지하 세계를 생명이 시작되었다가 자연스럽게 돌아가는 곳으로 여겨요. 하지만 나쁜 행동을 저지른 뒤 죗값을 치르러 가는 곳으로 여기는 문화권도 있지요. 신들이 어두운 지하 세계를 다스리고, 초자연적인 능력을 지닌 보초가 입구를 지켜요.

▲ 야마, 동남아시아
죽음의 신이 밧줄로 죄인의 몸에서 영혼을 끌어낸다. 그러고는 죄인이 저지른 죄에 따라서 영혼이 행복의 장소로 갈지, 수많은 지옥 가운데 한 곳으로 갈지를 판단한다.

▲ 아포피스(아펩), 고대 이집트
죽은 자는 혼란의 신 아포피스로부터 영혼을 보호해 달라는 주문과 함께 묻혔다. 아포피스는 지하 세계인 두아트에 갇힌 뱀이다. 고양이 모습의 태양신 라는 혼란이 태양과 세계를 파괴하지 못하도록 밤마다 뱀을 죽인다. 그러나 뱀은 불멸의 존재이기 때문에 다시 살아나고, 밤이 되면 라가 또다시 뱀을 죽이는 일이 되풀이된다.

◀ 케르베로스, 고대 그리스
케르베로스는 머리가 세 개 달린 문지기 개로, 지하 세계를 다스리는 하데스를 섬긴다. 영혼이 도망치지 못하도록 하데스의 출입문을 순찰한다.

자연과 나라

◀ **쿠르누기, 바빌론(오늘날 이라크)**
지하 세계 쿠르누기에는 죽은 자의 영혼이 산다. 이들은 날개를 지닌 창백한 악마로 피를 마시며 산다. 이 악마들은 이슈타르 여신이 동생이자 지하 세계의 지배자인 에레시키갈을 찾아갈 때 공격한다.

▶ **믹틀란테쿠틀리, 아즈텍**
죽음의 신은 죽은 자의 땅에서 가장 낮은 지역인 믹틀란에 살았다. 천국으로 들어가지 못한 영혼들은 도금양 나무와 거대한 악어와 뱀들을 지나쳐, 아홉 개의 지옥을 통과해야 천국에 다다랐다.

▶ **타르타로스, 고대 그리스**
끔찍한 죄를 저지른 영혼들은 지하 세계에서 가장 낮은 타르타로스로 보내져 벌을 받았다. 익시온 왕은 장인에게 불을 놓고 제우스를 화나게 한 벌로, 영원히 불타며 구르는 수레바퀴에 묶였다.

▶ **판관, 중국**
지하 세계의 문지기이자 심판자였다. 영혼마다 지난 행동을 기록하고, 지하 세계에서 위대한 신인 옌로에게 영혼들이 어떤 보상이나 벌을 받아야 하는지에 대해 조언했다.

마법과 대혼란

사람들은 왜 좋은 일과 나쁜 일이
일어나는지 설명이 필요했어요.
공포를 퍼뜨리고, 불행을 불러일으키는
초자연적 존재, 신령스러운 동물, 신화적인
신들이 정말 존재하는 걸까요?

◀ 〈가마솥 옆에 있는 마녀〉 에칭, 1626년 얀 반 드 벨데 작품

세계 둘러보기

거인 족 이야기

하늘을 찌를 듯이 키가 큰 거인은 세계 신화 어디에서든 만날 수 있어요. 넘치는 힘과 야생의 지구와 두려움을 상징하는 거인은 영웅이라면 누구나 뛰어넘어야 할 높은 도전이었어요.

▶뤼베찰, 독일
유럽을 여행하는 사람들은 숲에서 뤼베찰을 만날까 봐 두려워했다. 뤼베찰의 외침이 메아리치면 여행자들은 길을 잃곤 했다. 어쩌다 뤼베찰을 놀리기라도 했다가는 목숨을 잃을지도 몰랐다. 변신도 할 수 있는 뤼베찰은 독일에서 '산의 정령'으로 불리기도 한다.

▲축복받은 왕 브란, 웨일스
브란은 착한 거인이자 웨일스의 왕이다. 여동생이 아일랜드 왕과 결혼을 못하게 된 뒤, 나라에 쳐들어온 아일랜드에 맞서 웨일스를 구했다. 브란은 이 전쟁에서 머리만 보존된 채, 살아남은 일곱 전사와 연회를 즐겼다.

▲폴리페모스, 고대 그리스
외눈박이 거인(키클롭스)은 사람을 잡아먹는 양치기였다. 그리스 영웅 오디세우스를 붙잡았지만, 오디세우스가 약삭빠르게 키클롭스의 눈을 말뚝으로 찔러 눈이 멀게 한 뒤 도망쳤다.

▲히란야카시푸, 인도
무섭게 생긴 이 거인 악마는 다이티야 가운데 하나다. 다이티야는 힌두 신인 데바 신의 힘을 간절히 원했던 거인들이다.

◀ 이미르, 북유럽
이미르는 서리 거인 족의 시조로, 오딘과 형제들의 손에 죽었다. 그들은 이미르의 몸으로 미트가르트(대지)를 창조했다. 이미르의 살은 흙이 되었고, 피는 강과 호수가 되었다. 이미르의 머리카락에서는 나무들이 자라났고 뼈들은 산을 이루었다.

▲ 잭과 콩나무의 거인, 영국
'피, 파이, 포, 펌! 영국 남자의 피 냄새가 나는구나.' 유명한 잭과 콩나무의 거인이나 식인 거인 이야기는 웨일스, 프랑스, 스칸디나비아 신화에 나오는 거인 이야기와 비슷하다.

▲ 트롤, 스칸디나비아
멀리 떨어진 산비탈 동굴 속에 사는 못생기고 털이 많은 포악한 트롤들의 이야기가 전해진다. 스칸디나비아에서 커다란 바위 지형은 트롤들이 햇빛에 모습을 드러냈다가 바위로 변한 것이라고 전해진다.

등장인물 들여다보기

인물 탐구
여자 마법사 키르케

가족 관계
키르케는 태양의 신 헬리오스와 물의 님프들 3,000명 가운데 하나인 페르세의 딸이다. 형제자매로는 황금 양털 지킴이 아이에테스, 콜키스의 왕 페르세스, 미노스 왕의 아내이자 미노타우로스의 어머니인 파시파에 들이 있다.

후손
아들 가운데 한 명인 텔레고노스는 아버지 오디세우스를 찾아 떠났다가 실수로 오디세우스를 죽였다. 텔레고노스는 오디세우스의 아내인 페넬로페와 결혼하였고, 키르케는 오디세우스의 아들 중에 아버지를 찾아 나섰던 텔레마코스와 결혼했다.

섬
키르케는 마법의 섬 아이아이에서 살았다. 어쩌면 이 섬은 섬이 아니라 이탈리아 서해안에 있는 치르체오 산 일지도 모른다.

▲ 키르케는 울창한 숲 빈터 한가운데에 있는 거대한 궁에서 살았다. 궁전 주위로 키르케의 마법에 걸린 사자, 곰, 늑대들이 돌아다녔지만 위험하지 않았다.

심심풀이
키르케는 고운 노래를 부르고, 베틀에서 섬세하고 눈부시게 아름다운 천을 짜며 시간 보내기를 좋아했다.

마법
키르케는 마법으로 해와 달을 움직여 하늘을 어둡게 할 수 있었고, 나무를 하얗게 만들고, 숲을 옮길 수 있었다.

마녀 키르케

강력한 여자 마법사 키르케는 적에게 마법의 물약을 먹이거나 마법을 써서 동물로 변신시킬 수 있었어요. 고대 그리스 시인 호메로스가 영웅 오디세우스의 모험담을 서사시로 노래했는데, 이 작품에 나온 키르케의 모습으로 아주 유명해졌어요.

▲ 키르케는 마법을 쓸 때 밤의 여신 닉스, 공기의 여신 카오스, 헤카테와 그 밖에 마법을 부리는 강한 여신들을 불러내 자신을 돕게 했다.

마법

오디세우스 일행은 아이아이에 섬에 다다랐어요. 탐험에 나선 선원들은 키르케의 궁전으로 들어갔지요. 그들은 키르케가 내어 준 음식과 술을 먹고 돼지로 바뀌었어요. 키르케가 마법을 부린 것이지요. 이상한 낌새를 느낀 오디세우스는 선원들을 찾으러 나섰다가 신들의 전령인 헤르메스를 만났어요. 헤르메스는 키르케의 마법이 먹히지 않는 식물을 주면서 키르케의 마음을 사로잡을 좋은 방법도 귀띔해 주었어요. 결국 키르케는 선원들을 사람으로 바꿔 놓았고, 오디세우스 일행은 다시 항해를 떠나기 전까지 일 년 동안 섬에 머물렀어요.

마법과 대혼란

키르케는 약초로 마법의 물약을 만들었다.

길들여진 야생 동물들이 궁전을 돌아다녔다. 이 동물들은 꼬리를 흔들며 찾아온 사람들을 반겼다.

이야기 속으로

오디세우스와 세이렌

▲ 키르케는 오디세우스를 보내 주면서, 앞으로 닥칠 위험을 헤쳐 나갈 방법을 알려 주었다.

서사시 영웅 오디세우스

가족을 만나다
오디세우스는 로마 신화에서 율리시스에 해당한다. 그의 부모님은 이타카 섬의 왕과 왕비인 라에르테스와 안티클레아였다. 오디세우스는 자라서 왕이 되었고, 트로이의 헬렌과 친척인 페넬로페와 결혼했다. 둘 사이에는 아들 텔레마코스가 있다.

꾀 많은 영웅
오디세우스는 트로이 전쟁에서 영웅적인 자질을 한껏 펼쳐 보였다. 트로이 전쟁을 치르며 자신이 뛰어난 전사임을 또렷이 보여 주었다.

서사시
〈오디세이〉는 그리스 시인 호메로스가 쓴 서사시이다. 트로이 전쟁이 끝난 뒤, 오디세우스가 아내와 아들이 있는 집으로 돌아가는 항해 이야기를 다뤘다. 오디세우스는 집으로 가는 항해가 10년이나 걸릴 줄은 꿈에도 몰랐다. 집으로 돌아가는 길에는 많은 모험이 도사렸는데, 대부분은 바다의 신 포세이돈 때문에 비롯되었다. 오디세우스가 키클롭스이자 자신의 아들인 폴리페모스를 눈멀게 한 데에 화가 났기 때문이었다.

기나긴 항해
오디세우스와 선원을 태운 열두 척의 배는 바다를 항해하며 폭풍우를 만나고, 로토파겐의 땅에 가고, 외눈박이 거인 키클롭스를 만나고, 거인 식인종과 마녀 키르케를 만났다. 이런 모험을 겪다 보니 오디세우스에게는 배 한 척만이 남았고 집으로 가기까지 수년이 늦춰졌다.

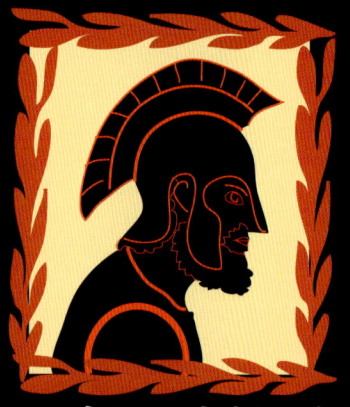

오디세우스는 키르케의 섬에 머무는 동안, 눈먼 예언자 티레시아스를 만나러 지하 세계에 갔어요. 티레시아스는 오디세우스에게 앞으로 위험이 더 남아 있지만, 늙어서는 만족스러운 삶을 살다가 죽으리라는 예언을 해 주었어요. 오디세우스는 어머니 유령도 만나서, 가족과 집이 위험에 빠졌으니 조심하라는 말을 들었어요.

오디세우스는 집 소식을 듣고 곧장 항해를 계속하고 싶은 마음이 굴뚝같았어요. 배가 떠나기 전, 키르케는 먼저 세이렌을 지나쳐 가야 한다고 주의를 주었지요.

세이렌은 달콤한 노래를 불러 선원들을 유혹해 죽게 만드는 바다 님프였어요. 세이렌이 있는 곳에 다다르자 오디세우스는 선원들에게 각자 밀랍으로 두 귀를 막으라고 명령 내렸어요. 밀랍이 부족하자 오디세우스는 선원들에게 자신을 돛대에 묶고 아무리

마법과 대혼란

소리쳐도 절대로 풀어 주지 말라고 단단히 말해 두었어요.

세이렌 노래가 어찌나 매혹적이고 아름답던지, 오디세우스는 유혹을 뿌리치기 힘들었어요. 오디세우스는 자신을 풀어 달라며 몸부림을 쳤지만 선원들은 그를 더욱 단단히 묶었어요. 마침내 그들은 세이렌을 안전하게 지나쳤어요. 또 오디세우스의 배는 양쪽으로 높다랗게 절벽을 이룬 좁다란 해협을 지나게 되었어요. 한쪽 절벽에는 '스킬라'라는 머리 여섯 개 달린 무서운 바다 괴물이 살았고, 반대쪽에는 괴물 카리브디스가 일으키는 엄청난 소용돌이가 마구 휘돌고 있었어요. 과연 오디세우스와 선원들은 끔찍한 괴물들의 손아귀에서 도망칠 수 있을까요?

만화 그리기
오디세우스의 항해를 만화로 그려 보세요. 그림틀마다 각 여행 단계를 그리고 선명한 색을 써서 눈길을 끄는 이야기를 만들어요. 또 위험에 빠질 때마다 오디세우스와 선원들이 어떤 반응을 보였을지 말풍선에 기록해 보아요.

오디세우스는 되도록 빨리 그곳을 지나쳐 가라는 키르케의 충고를 무시하고, 갑판에 서서 괴물들과 싸웠어요. 배가 해협을 지나갈 즈음, 선원 여섯 명이 목숨을 잃고 말았지요. 마침내 오디세우스와 선원들은 트리나키아 섬에 내렸어요. 오디세우스는 선원들에게 동물을 건드리지 말라고 경고했어요. 태양신 헬리오스의 소유였기 때문이지요. 그러나 선원들은 오디세우스 몰래 황소 몇 마리를 죽였어요. 그러자 제우스는 그들이 항해를 시작하기를 기다렸다가 벌로 배에 벼락을 던졌지요. 그래서 오디세우스만 빼고 모두 물에 빠져 죽었어요.

생명을 앗아 가는 아가씨
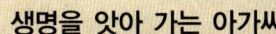
사람들을 꾀어서 뜻하지 않게 목숨을 앗아 가는 님프는 세계 신화에 많이 나온다. 독일 라인 강에는 전설적인 로렐라이가 방심한 선원을 꾀어 죽게 했다고 전해진다. 스칸디나비아 신화에 나오는 훌드라는 동물 꼬리를 가졌는데, 산과 숲에 살면서 순진한 여행객을 꾀어 죽음으로 몰아갔다고 전해진다.

세계 둘러보기

자유롭게 변신하는 자

변신은 신, 인간, 동물 등 얼마든지 여러 모습으로 바꿀 수 있는 능력이에요. 남을 속이거나 사람들 틈에서 살거나 또는 숨기 위해 이 능력을 썼을 거예요.

▶ 라(케프리), 고대 이집트
고대 이집트 사람들은 신마다 특징적인 성격을 두드러지게 하려고 머리를 동물 모습으로 그리곤 했다. 특히 아침의 태양신 케프리는 쇠똥구리로 그려졌는데, 쇠똥구리가 똥을 굴리는 모습을 케프리가 태양을 움직이는 모습과 비슷하게 여겼기 때문이다.

▲ 요정 멜루지네, 프랑스
반은 여자이고 반은 물고기인 아름다운 요정이다. 일주일에 한 번 모습을 바꾸는데 자신을 보지 않는 조건으로 인간 남자와 결혼했다. 어느 날 남편이 멜루지네를 몰래 훔쳐보자 그대로 달아나 다시는 나타나지 않았다.

◀ 네크, 스칸디나비아
물의 정령 네크는 아름다운 하얀 말로 변신하여 인간을 붙잡았다고 한다. 인간이 말로 변한 네크 등에 올라타면, 네크는 곧장 물로 뛰어들어 빠뜨려 죽였다.

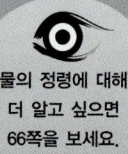

물의 정령에 대해 더 알고 싶으면 66쪽을 보세요.

마법과 대혼란

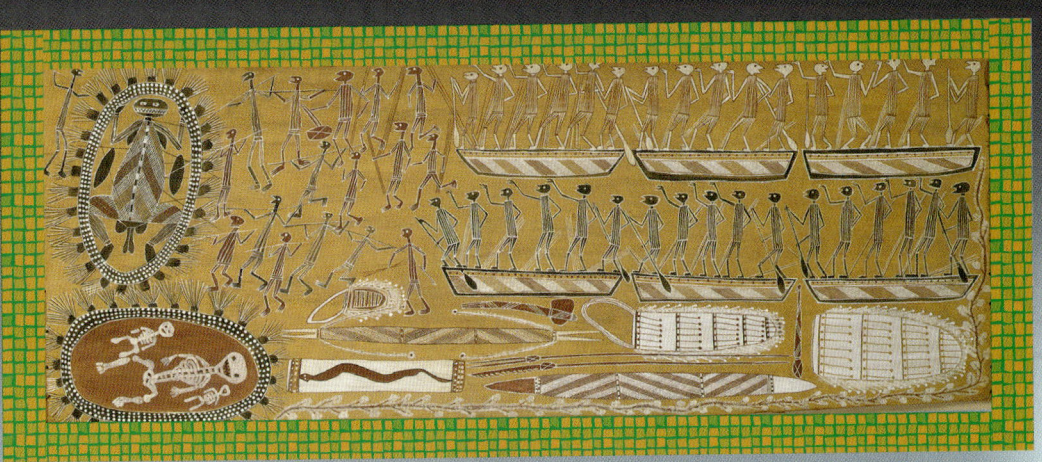

▲ **루말루마, 오스트레일리아**
북오스트레일리아의 욜른구 족 신화에서는 고래가 인간이 되어 땅 위를 돌아다니며 신성한 의식을 가르쳤다는 이야기가 있다. 그러나 식욕이 너무 강해서 존재하는 모든 음식을 요구했고, 먹을거리를 혼자 독차지했다. 결국 사람들은 힘을 모아 탐욕에 찬 루말루마를 죽였다.

◀ **프로테우스, 고대 그리스**
그리스 티탄인 오케아노스의 아들 프로테우스는 미래를 예언하는 능력이 있었다. 그러나 여러 질문을 던져 그를 귀찮게 하는 사람들을 피해 동물로 변신하여 달아나곤 했다.
왼쪽 그림에서는 물의 님프인 키레네가 자신의 미래를 보여 달라며 창으로 프로테우스를 위협하고 있다.

◀ **키츠네, 일본**
키츠네는 마법의 힘을 지닌 총명한 정령이다. 신화에 따르면 한 키츠네가 인간과 사랑에 빠져 인간의 모습으로 변신하여 결혼했다. 그러나 남편의 개가 키츠네가 인간이 아니라는 사실을 눈치채고는 끊임없이 키츠네를 공격했다. 결국 키츠네는 인간인 척하기를 그만두고 여우의 모습으로 돌아가 달아났다.

▶ **셀키, 북유럽**
멀리서 바다 위로 쑥 나온 물개 머리를 보면 꼭 사람처럼 보인다. 그래서 셀키에 대한 신화가 나온 듯하다. 셀키들은 물개가 가죽을 벗고 인간으로 변한 모습이다. 셀키의 가죽이 발견되면, 그 물개는 원래 모습으로 변해 헤엄쳐 떠난다. 노르웨이에서 물개 가죽을 입은 사미 족이 온 사실에서 셀키 신화가 비롯되었을 것이다.

등장인물 들여다보기

인물 탐구
늑대 인간

특징
늑대 인간은 보름달이 뜨는 밤에 늑대로 변하는 인간으로, 엄청나게 강하고 초인적인 감각을 지녔다고 한다. 전설에서는 늑대 인간에게 물린 인간이 저주에 걸려 늑대 인간이 된다고 한다.

뱀파이어와 관련성
고대 그리스와 동유럽 슬라브 족의 몇몇 신화에서는 늑대 인간이 죽으면 뱀파이어로 변한다고 한다. 뱀파이어는 달빛이 비치는 밤에 인간이나 동물의 모습으로 돌아다니고, 동물이나 인간의 피를 먹고 산다.

정신 이상
'리칸트로피'는 인간 자신이 동물이었거나 동물이라고 믿는 질병 이름이다. 이 병에 걸린 사람은 자신이 늑대이거나 호랑이처럼 포악한 동물이라고 믿는다. 유럽과 북아시아, 아프리카와 인도에 이런 질병이 존재했다는 기록이 있다.

개 머리 종족
중세 시대에 마르코 폴로와 여러 탐험가들은 '키노케팔리'라는 잔인한 종족, 개 머리 인간에 대해 말했다. 이들은 인도와 아프리카에 살며 인간을 먹었다. 이들이 늑대 인간이라고 생각한 사람도 있고, 개코원숭이를 처음 본 것이라고 여기는 사람도 있다.

늑대 인간

수백 년 전, 해 질 녘이면 유럽의 시골에서는 늑대가 자주 나타났어요. 사람 목소리처럼 들리는 울부짖음, 날카로운 이빨, 보름달 달빛에 빛나는 두 눈을 생각하면, 사람들이 얼마나 늑대를 무서워했는지, 왜 늑대에 대한 이야기가 생겨났는지 쉽게 상상할 수 있어요.

세계적인 늑대 인간

늑대 인간에 대한 신화는 중세 시대부터 1900년대까지 찾아볼 수 있어요. 프랑스에서는 제바우덴의 짐승, 중국 신화에서는 개의 머리를 한 인간인 판후, 고대 그리스에서는 신들에게 인간의 살을 권해 제우스가 늑대로 변신시킨 리카온의 이야기가 있어요.

▲ 늑대처럼 생긴 제바우덴의 짐승. 1700년대 프랑스에서 마을 사람들을 공포에 떨게 했다.

몇몇 늑대 인간 신화에 따르면, 보름달이 떠 있는 동안 네거리에서 늑대 인간이 인간에서 늑대로 변신한다고 전해진다.

마법과 대혼란

로비스호멤

'로비스호멤'이라고 부르는 포르투갈의 늑대 인간 신화는 16세기에 활동한 탐험가들을 따라 브라질과 아르헨티나에 떠돌았어요. 아들만 태어난 집의 일곱 번째 아이는 늑대 인간이라는 믿음이 넓게 퍼졌고, 몇몇 부모는 겁에 질려 일곱 번째 남자아이를 내다 버렸다고 해요.

몇몇 신화에서는 꼬리가 있는지 없는지에 따라 진짜 늑대와 구별할 수 있다고 전해진다.

이야기 속으로

과학과 신화

자연재해
전문가들은 천둥새 신화는 실제 사건과 동물에 그 뿌리를 두고 있다고 믿는다. 이를테면 퀼라유트 부족이 겪은 엄청난 홍수는 대부분 모든 문화권에서도 일어난 일이다. 그리고 천둥새와 고래가 싸울 때 땅이 흔들리고 나무가 뽑히는 현상은 지진이 남긴 흔적과 매우 닮았다. 바다에 고래가 떨어져 천둥새가 사납게 날개를 퍼덕이며 물결을 흩뜨리는 모습은 해일이나 쓰나미가 이는 것과 비슷하다.

고대 동물
동물의 기원이 뚜렷하지 않다. 이 고대 동물은 북아메리카 서해안에 살았던 선사 시대의 거대한 새 아이오르니스였을지도 모른다. 이 새는 인류가 처음 나타났을 때에도 있었는데, 아마 죽은 고래를 먹고 살았을 것이다. 또한 천둥새는 익룡과도 닮은 점이 많다. 익룡은 시력이 좋고 하늘을 날아다닌 파충류로, 날개 길이가 12미터에 이르렀고 고기를 엄청나게 많이 먹었다.

거대한 새와 괴물 고래

북아메리카의 많은 부족에서는 강력한 힘을 지닌 거대한 새를 보통 '천둥새'라고 불렀어요. 천둥새 신화는 조금씩 변형되어 전해지기도 해요. 그래서 천둥새는 때때로 인간의 모습이기도 하고 혼령으로 나타나기도 하지요. 둘 다 복수심에 차 있거나 보호하려는 모습을 보여요.

옛날 옛적, 퀼라유트 부족은 굶주림에 시달렸어요. 며칠 동안이나 폭우와 우박이 떨어져 사방이 물뿐이었고, 땅에는 곡식 한 알 남아 있지 않았지요. 바다에서도 고래나 물고기를 찾아볼 수 없었어요. 사람들은 모두 위대한 정령에게 도와 달라고 기도했지요. 짙은 침묵이 흐른 긴 밤이 지난 뒤, 갑자기 큰 소리가 들리고 빛이 번쩍거렸어요. 그러고는 낮게 날개를 퍼덕거리는 소리가 울렸어요.

순간 하늘에 거대한 새가 나타났어요. 그렇게 큰 새는 처음 보았지요. 구부러진 부리의 끝이 뾰족했고 두 눈은 밝게 빛났어요. 새가 가까이 다가오자, 사람들은 새의 발톱에 매달려 있는 큰 고래를 보았어요. 새는 고래를 사람들 앞에 떨어뜨렸어요. 고래는 퀼라유트 부족에게 필요한 모든 것을 다 주었어요. 천둥새가 배고픔과 죽음의 위기에 놓인 사람들을 구한 거예요. 그런데 천둥새는 고래를

날씨 관리자
많은 부족에서 천둥새의 모습은 여러 가지 자연, 날씨와 깊이 연관되어 나타난다. 천둥새의 두 눈은 번쩍이는 번개를 일으키는 것으로 여겨졌다. 번갯불은 빛나는 뱀으로 여기며 천둥새가 데리고 다닌다고 생각했다. 또한 천둥새는 폭풍우를 일으키는 새로 여겨져, 날개를 퍼덕여 바람을 일으킬 뿐만 아니라 하늘 곳곳으로 비구름을 움직이고 천둥소리를 냈다. 그래서 '천둥새'라는 이름을 얻은 것이다.

마법과 대혼란

어떻게 잡았을까요? 전해지는 이야기마다 엄청난 싸움이 있었다고 해요. 누군가는 천둥새가 처음 고래를 잡아 산에 있는 자신의 동굴로 데려갔다고 해요. 그런데 고래가 힘껏 맞서 싸우는 바람에 땅이 흔들리고 나무가 뿌리째 뽑혔다고 하지요. 또 천둥새가 고래와 싸우는데, 고래가 도망쳐서 물속으로 다시 들어갔다고 해요. 하지만 천둥새는 다시 뒤쫓아 갔지요. 승자는 언제나 천둥새였어요.

◀ 천둥새를 믿는 부족에게 천둥새는 강력한 힘과 지혜와 마법을 지닌 존재였다. 그래서 사람들은 존경을 나타내는 상징을 담아 천둥새를 표현했다. 천둥새는 부리가 굽었고, 이는 날카로웠으며, 눈은 둥글고 번뜩거렸고, 발톱은 커다랬다. 심지어 깃털을 단 왕관을 쓰거나 머리에 장식물을 쓰고 있기도 하다. 토템 기둥 꼭대기에서 천둥새를 자주 볼 수 있다.

토템 기둥 만들기

키친타월의 가운데 심을 기둥으로 삼아요. 종이로 천둥새의 부리, 귀, 날개를 만들어 붙이고, 고래의 얼굴과 꼬리도 만들어 붙여요. 색종이로 장식도 해 보아요.

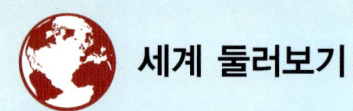 세계 둘러보기

바다 괴물

수세기 전, 선원들은 기나긴 항해를 마치고 돌아와서 거대한 바다 괴물에 대한 무시무시한 이야기를 들려주곤 했어요. 상상력이 발휘된 부분도 있고, 고래나 거대한 오징어처럼 태어나서 처음 보는 진짜 바다 생물 이야기를 다룬 부분도 있어요.

▶ **크라켄, 북유럽**
선원들은 크라켄을 무서워했다. 크라켄은 선원들이 탄 배를 통째로 삼킬 수 있는 거대한 바다 괴물이었다. 이렇게 끔찍한 동물을 실제로 봤을 수도 있지만 과장된 이야기일 것이다. 대왕 오징어는 12미터에서 15미터까지 자란다고 알려져 있다.

마법과 대혼란

▶ 스킬라, 고대 그리스
이 바다 괴물은 실리 섬에서 가까운 동굴에 살았다. 소용돌이를 일으키는 또 다른 괴물 카리브디스와 반대쪽에 있었다. 전설에서 스킬라는 아름다운 바다 님프였는데 바다 괴물로 변했다고 한다. 스킬라는 트로이 전쟁이 끝나고 집으로 돌아가던 영웅 오디세우스의 선원 여섯 명을 잡아먹었다(53쪽 참고).

◀ 아스피도겔론, 아일랜드
고대 그리스 역사가 플리니우스가 쓴 《박물지》에 선원들을 자신의 등으로 꾀어낸 거대한 바다 짐승 이야기가 나온다. 아일랜드 수도사 성 브렌단의 항해 전설에도 비슷한 동물이 나온다. 선원들은 '육지'에 내려 불을 켜고 나서야 그곳이 육지가 아니라는 사실을 깨달았다. 짐승이 몸을 부르르 떨자 선원들은 겁을 먹고 다시 배로 도망쳤다.

▶ 사치호코, 중국과 일본
이 바다 괴물은 머리는 용이고 몸은 잉어(물고기) 모습였다. 사람들은 이 짐승이 비를 내리게 할 수 있다고 믿어, 사치호코 조각상을 지붕 위에 올려놓고 건물에 불이 나지 않도록 지켜 주기를 바랐다.

◀ 히드라, 고대 그리스
사람들은 히드라가 늪지대에 살며, 그 밑에 있는 지하 세계의 문을 지킨다고 믿었다. 머리 하나가 잘리면 다시 자라났고, 히드라의 숨결로도 생명체를 죽일 수 있었다. 결국 헤라클레스 손에 죽었다고 한다.

61

누구일까요?

중국의 신성한 동물

중국 신화의 특징은 인간의 행복과 운명과 운이 주로 동물과 연관되어 있다는 점이에요. 이 신성한 동물들은 특정한 성격을 지녔고, 부와 행운과 지혜를 얻고 오래 산다는 미신과 관련 있어요.

▲ 중국 신화에서 용은 상서로움의 상징이다.

중국의 황도 십이궁
중국 달력에서 열두 달의 순환은 열두 동물과 관련 있다. 사람들은 자신이 태어난 해에 해당하는 동물의 성격을 지닌다. 전설에 따르면, 순서는 동물들의 경주 결과에 따라서 가장 먼저 들어온 쥐부터 시작된다.

▲ 중국의 유니콘은 기린 또는 치린이라고 불렸다. 몸은 말이고 머리는 뿔 하나 달린 용의 모습이었다.

초자연적 동물
태초에 최초의 신 반고는 세상을 창조하기 위해 신성한 네 동물인 용, 불사조, 거북, 유니콘의 도움을 받았다. 창조를 마친 뒤 네 동물은 바다, 하늘, 늪지대, 숲처럼 인간한테서 멀리 있는 숨겨진 지역의 수호자가 되었다.

마법과 대혼란

영적 수호자
신화에 따르면, 네 동물이 중국을 중심으로 둘러싼 영역에서 각자 다른 방향을 맡아 지킨다. 각각 계절과 색깔과 요소와 어떤 특성과 관련이 있다.

빨간 새 또는 불사조
여름, 빨강, 불, 지식
불 속에서 태어난 불사조는 남쪽을 지켰다. 이 빛나는 새는 중국 여황제를 상징하는데 이마는 두루미, 정수리는 원앙새, 목은 제비, 부리는 닭, 등은 거북, 꼬리는 물고기, 깃털은 공작새의 모습을 하고 있다.

용
봄, 파랑/초록, 나무, 풍요
발톱 가진 뱀 같은 용은 동쪽을 지킨다. 강력하고 무시무시한 용은 중국 황제를 상징한다.

백호
가을, 흰색, 금속, 선량함
힘이 넘치는 백호는 서쪽을 지켰다. 전설에서는 고결한 황제가 나라를 다스리는 평화로운 기간에만 나타난다고 한다.

신화 속 기린이 백호로 바뀌었다.

몸은 뱀이고 물소 머리에 사슴뿔을 지녔다. 또 사자의 코와 이에 독수리의 발톱을 지녔다.

검은 전사
겨울, 검정, 물, 행복
북쪽을 지키는 거북은 가끔 등껍질에 뱀이 있는 모습으로 그려진다. 둘 다 장수를 상징한다.

껍질을 불에 태워 금이 나타난 길이를 보고 미래의 길흉을 점쳤다.

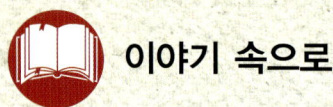 이야기 속으로

원숭이 왕

탄생

신화에 따르면 손오공은 돌로 된 알에서 부화했다. 카오스와 하늘의 힘 속에서 생겨난 알이었다.

성공을 위한 준비
손오공은 한 도인의 제자가 되어 수많은 기술을 배웠다. 그런 뒤 동해 용왕을 속여 어떤 크기든 늘였다 줄일 수 있는 마법의 여의봉과 구름을 타는 신발, 봉황의 깃털이 달린 모자와 황금 갑옷을 가져왔다.

하늘나라
도교 신화 속 하늘나라에는 영웅과 학자, 황제, 도인이나 신만큼이나 지혜로운 인간을 포함하여 불멸의 존재 수천 명이 산다. 옥황상제가 하늘을 다스린다.

가마솥에서 달궈지다
옥황상제는 손오공이 말썽을 피우자 그를 불멸의 신들조차 불태울 수 있는 신성한 가마솥에 넣어 죽이려고 했다. 그러나 손오공은 돌에서 태어났기 때문에 가마솥에서 죽지 않고 도망쳤을 뿐만 아니라 더욱 강해졌다. 이제 손오공은 모든 형태의 악을 보는 힘을 가지게 되었다.

부처는 손오공에게 자신의 손바닥에서 벗어나 보라고 했다. 식은 죽 먹기라고 생각한 원숭이는 풀쩍 뛰어올랐다. 손오공은 기둥 다섯 개만 있는 빈 공간에 내려섰다. 손오공은 가운데 기둥에 표시를 남기고 다시 부처의 손바닥에서 뛰어내렸다. 그런데 뒤돌아서 보니, 부처의 가운뎃손가락에 표시가 나 있었다. 원숭이가 내기에서 진 것이다.

원숭이 왕의 장난

중국 신화에서 가장 사랑받는 인물 가운데 하나가 말썽꾸러기 원숭이 왕 손오공이에요. 손오공이 저지른 무모한 장난은 〈서유기〉라는 소설에 잘 나와 있어요.

손오공은 똑똑했어요. 일흔두 가지 모습으로 변신할 수도 있었고 날렵했으며 구름을 타고 여행할 수 있었고, 한 번 공중제비를 해서 수천 킬로미터를 뛰어넘기도 했지요. 무술에서는 맞설 상대가 없었어요. 손오공은 꾀도 많았어요. 동해 용왕을 속여 마법의 물건을 받아 내기도 했지요. 하지만 무엇보다도 손오공은 야심이 넘쳤어요. 지하 세계로 들어가 심판의 책에 적힌 자신의 이름에 줄을 그었지요. 그러면 절대 죽지 않을 테니까요. 그리고 자신이 하늘을 지배해야 된다고 여겼어요.

옥황상제는 불멸의 신들이 사는 하늘나라를 다스렸는데, 손오공을 손보려고 했지만 실패했어요. 옥황상제는 크게 실망하여 세상에서 가장 지혜로운 부처에게 도움을 청했지요. 손오공은 부처에게 도전해서 지고 말았어요. 그래서 마법의 산 밑에 깔려 죄를 뉘우치는 벌을 받았지요.

마법과 대혼란

500년 뒤 '현장법사'라는 자비로운 스님이 불전을 중국으로 가지고 오라는 부탁을 받고 인도 서쪽으로 여행을 떠났어요.

현장법사는 여행하는 동안 위험이 따를 테니 자신을 보호해 줄 이가 필요해서 손오공에게 도움을 청했어요. 손오공은 마침내 벌을 다 받고 풀려나 초라한 스님 일행에 기꺼이 합류했어요. 스님에게는 동료 두 명이 더 있었는데, 추방당한 장군 사오정과 쫓겨난 장군 저팔계였어요.

그들은 상상 속 여러 나라를 여행하며 수많은 위험을 겪었어요. 한번은 여행하다가 공기가 점점 뜨거워진다는 사실을 알아챘어요. 화염산이 바로 앞에 있었거든요. 철선 공주가 가지고 있는 특별한 부채인 파초선이 있어야만 그곳을 지나갈 수 있었지요. 하지만 철선 공주는 부채를 달라는 손오공의 부탁을 거절하고는, 부채질로 날려 보냈어요. 손오공은 바람에 날아가지 않게 하는 알약을 입속에 넣고 다시 찾아갔어요. 덕분에 철선 공주가 아무리 부채질을 해도 단단히 버텨 냈지요. 그러자 철선 공주는 방에 숨어 나오지 않았어요.

손오공은 곤충으로 변신해서 방으로 날아 들어가 공주가 마시고 있는 차에 들어갔어요. 철선 공주는 곤충이 든 차를 마셔 버렸고, 배 속에 들어간 손오공은 공주를 몹시 아프게 했어요. 공주는 부채를 줄 테니 배 속에서 나오라고 했지요. 그런데 공주가 준 부채는 가짜였어요. 손오공은 세 번째로 철선 공주를 찾아갔어요. 이번에는 공주의 남편 우마왕으로 변신했어요. 그러나 부채를 손에 넣자마자, 진짜 우마왕이 손오공을 뒤쫓아 와 둘은 치열하게 싸웠어요. 손오공은 파초선으로 불을 끄고 자신을 도와준 사오정과 저팔계와 함께 도망쳤어요.

마침내 그들은 불전을 가지고 돌아왔고, 모두 그 공으로 부처가 되어 하늘로 올라가 살았어요.

손오공 가면 만들기

종이 접시 위쪽과 아래쪽에 가로로 두 개씩 구멍을 내요. 접시를 구부려서 얼굴 형태가 되도록 한 뒤 스테이플이나 접착제로 고정해요. 그런 뒤 코 부분을 잘라 내고 귀가 툭 튀어나오게 만들어요.

접시에 오른쪽 사진처럼 원숭이 얼굴을 그려요 (이 그림은 중국 경극에 쓰인 가면을 참고했어요.). 물감이나 펠트펜으로 색칠해 보아요.

꾀 많은 장난꾸러기 트릭스터

세계 둘러보기

여러 신화마다 재미있는 일이나 장난치기를 좋아하는 짓궂은 등장인물을 만날 수 있어요. 이들을 트릭스터라고 불러요. 트릭스터는 옳고 그름을 따지지 않고, 제멋대로 꾀를 부리거나 속임수를 쓰지요. 하지만 때때로 자신의 꾀에 넘어가 바보 같은 결말을 맞기도 해요.

▲ 에슈, 서아프리카
에슈는 신들과 요루바 부족 사이의 전령이자 중재자라는 중요한 역할을 맡고 있다. 하지만 장난치기도 무척 좋아했다. 에슈는 태양과 달에게 서로 자리를 바꾸라고 설득하기까지 했다.

▶ 텐구, 일본
이 개구쟁이 정령은 폭풍과 바다의 신인 스사노오의 후손이다. 새와 인간의 모습을 한 요괴로, 스님을 속이고 사원과 자신을 존경하지 않는 자들의 물건을 훔쳤다.

스사노오에 대해 더 알고 싶으면 103쪽을 보세요.

▲ 갓파, 일본
갓파는 레슬링 기술로 유명한 물의 정령이다. 물속에 마련된 은신처에 가까이 온 사람들을 골려 먹기 좋아한다. 갓파의 힘은 머리 위 움푹 파인 곳에 고여 있는 물에서 나온다. 머리에서 물이 쏟아지면 갓파의 힘을 잃는다.

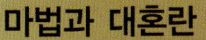

마법과 대혼란

◀ **사시 페레레, 브라질**
사시 페레레는 외다리 장난꾸러기로, 마법의 빨간 모자를 쓰고 있다. 빨간 모자에는 사시 페레레가 나타나게도 하고 사라지게도 하는 힘이 있다. 닭이 알을 낳지 않거나 요리하다가 태웠을 때처럼, 일이 잘 풀리지 않을 때 원망을 듣는다.

▲ **브레어 토끼, 북아메리카**
브레어 토끼 이야기는 1800년대 어린이 책에 실려 있는데, 원래는 아프리카 노예들이 전한 토끼와 거미 사기꾼 이야기와 관련 있다. 또한 사기꾼 토끼 이야기가 담긴 북아메리카 원주민 신화와도 연관된다.

▶ **로키, 노르웨이**
이 말썽꾸러기 신은 아스가르드의 신들에게 고약하게 굴어, 신들의 골칫덩어리가 되었다. 눈먼 신 호데르를 속여 착한 형제 발데르를 겨우살이 가지로 죽이게 했다.

▶ **크리슈나, 인도**
크리슈나 신은 개구쟁이 짓을 일삼는 어린아이로도 유명하다. 한 이야기에서, 브라흐마 신이 크리슈나가 얼마나 영리한지 시험해 보기로 했다. 브라흐마는 크리슈나의 소들을 숨긴 뒤 그가 소를 다시 찾을 수 있는지 지켜보았다. 크리슈나는 똑같은 소들을 만들어 놓고, 아무 일도 없었던 듯이 놀며 브라흐마를 골탕 먹였다.

이야기 속으로

이야기꾼 아난시

가족 관계
아난시의 아버지는 하늘의 신 니아메이고, 어머니는 땅의 여신 아사세 야이다.

▶ 하늘의 신 니아메를 상징한다.

이야기를 짜는 방직공
아난시 이야기는 서아프리카 가나의 아칸 부족에서 시작되었다. 점점 가까운 부족에게로 이야기가 퍼졌고, 노예 무역을 통해 대서양을 건너게 되었다. 아난시는 카리브해 지역에서 인기가 많았고, 남아메리카에 가서 '안트 낸시'(낸시 아줌마)라고 불리며, 전 세계 여행자가 되었다.

이름 속에 이런 뜻이?
아난시는 아칸 부족어로 '거미'라는 뜻이다. 아메리카에서는 낸지, 아난스, 아나난사, 아낸시로도 불린다.

협력자이자 친구
가나의 신화에서는 아난시가 낮과 밤, 태양과 달, 별들을 창조하도록 니아메를 설득했다고 한다. 아난시는 불을 끄기 위해 비를 데려오도록 돕고, 땅에 홍수가 나면 이를 조절하기도 했다. 또한 사람들에게 불을 피우는 법과 먹을거리를 키우는 법도 가르쳤다.

여러 나라에서 많은 역할을
아난시는 니아메를 위해서 꾀를 쓰거나 사랑스러운 악당, 전령이나 협력자가 되었다. 주로 이야기의 지킴이자 모든 지혜의 소유자이기도 하다.

슬기로운 거미 아난시

하늘의 신 니아메는 세상의 모든 이야기를 가지고 있었어요. 하지만 땅에는 아무런 이야기도 없었지요. 아난시는 그 이야기들을 가지고 싶었어요. 그래서 이야기를 구하기 위해 거미줄을 지으며 하늘로 올라갔지요. 니아메는 아난시에게 말벌, 비단뱀, 표범, 요정을 잡아 오면 그 보답으로 이야기를 주겠다고 했어요. 몸집이 작은 아난시는 비록 힘은 약했지만 운 좋게도 머리를 써서 과제를 해결했어요.

맨 처음 아난시는 박 속에 물을 가득 채워 가지고 말벌을 찾아갔어요. 그러고는 말벌 집 위로 올라가서 물을 조금 쏟고 나머지는 자기 몸에 부어 버렸지요. 말벌들이 화가 나 윙윙거리며 벌집에서 나왔어요. 아난시가 외쳤어요.
"서둘러! 어서 비를 피해 내 멋진 박 속으로 들어오렴!"
벌들이 박 속으로 날아 들어가자마자 아난시는 입구에 거미줄을 두껍게 쳐서 벌들을 단단히 가두었어요.

그다음에는 비단뱀을 찾으러 갔어요. 아난시는 비단뱀이 자신의 기다란 몸을 자랑스러워한다는 걸 알고 있었어요. 그래서 기다란 나뭇가지를 가지고 비단뱀 근처로 다가가 큰 소리로 중얼거렸어요.

"뭐라고 중얼거리고 있니?"
가까운 나무에 있던 비단뱀이 물었어요.
"내 아내는 네 몸이 이 가지보다 짧다고 생각하지 뭐니. 하지만 난 네가 더 길다고 생각해."
"뭐 간단하네. 내가 그 나뭇가지를 따라서 누우면 되잖아. 그러면 내가 더 길다는 게 증명될 거야."
비단뱀은 나뭇가지를 따라 몸을 쭉 뻗고 누웠어요. 그러자 아난시는 재빨리 비단뱀을 덩굴로 칭칭 묶어 꼼짝

마법과 대혼란

못하게 했지요.

이제 표범 차례예요. 아난시는 표범이 날마다 다니는 길에 구덩이를 깊이 파고는 그 위를 나뭇가지와 나뭇잎들로 덮어 두었어요. 아난시의 생각대로 표범이 구덩이에 빠지고 말았어요.

"도와줘요! 누가 좀 도와줘요!"

표범이 소리쳤어요.

"여기요, 내 거미줄을 잡아요! 내가 끌어올려 줄게요."

표범이 거미줄을 잡고 올라오자 아난시는 끈끈한 거미줄 타래를 표범의 머리 위로 내려서 꽁꽁 묶었어요.

마지막으로 아난시는 요정을 잡으러 갔어요. 아난시는 인형에 끈끈한 고무질을 발라서 나무 옆에 두었어요. 요정이 다가와서 인형에 손을 대자마자 인형이 단단히 들러붙어 도망갈 수 없었어요.

아난시는 잡은 것들을 모두 데리고 니아메에게 갔어요. 니아메는 기뻐하며 모든 생명의 이야기를 아난시에게 전해 주었어요. 아난시는 그 이야기를 가지고 세상으로 내려와 사람들과 함께 나누었어요.

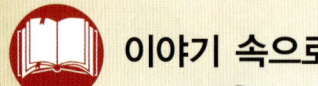 이야기 속으로
에로스와 프시케

프시케('영혼' 또는 '마음'이라는 뜻)는 여신이 아니라 어느 나라의 세 공주 중 한 명이에요. 너무도 아름다워서 어떤 사람들은 프시케가 고대 그리스 사랑의 여신인 아프로디테보다 훨씬 더 아름답다고 생각했어요. 그러자 아프로디테는 몹시 화가 났지요.

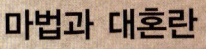

마법과 대혼란

아프로디테는 프시케에게 벌을 주려고 아들 에로스에게 마법의 화살을 가지고 프시케에게 가라고 했어요. 그 화살을 맞은 사람은 맨 처음 본 사람과 사랑에 빠지게 되었지요. 아프로디테는 프시케를 괴물과 사랑에 빠지게 하려고 했어요. 에로스는 잠을 자고 있는 프시케의 방으로 날아가 화살을 하나 쐈는데, 그때 프시케가 잠에서 잠시 깨었어요. 에로스는 너무나도 아름다운 프시케의 얼굴을 보고 깜짝 놀라 그만 자신의 화살에 찔리는 바람에 프시케와 깊은 사랑에 빠지고 말았어요. 아프로디테는 화가 머리끝까지 나서 프시케가 절대로 결혼하지 못하는 저주를 내렸지요. 에로스는 아폴론 신에게 가서 도움을 청했어요.

한편, 프시케의 아버지는 프시케가 결혼을 하지 못하자 미래를 점치는 아폴론 신탁에 가서 도움을 청했어요. 아폴론은 프시케를 산꼭대기로 보내라고 말했어요. 그러면 힘이 센 괴물이 프시케를 아내로 삼을 거라고 했지요. 프시케의 부모님은 무척 슬펐지만 신탁에 따랐어요. 부드러운 바람이 프시케를 아름다운 궁전으로 데리고 갔어요. 궁전에는 모든 것이 갖춰져 있었지요. 밤이 되자 어둠 속에서 프시케의 남편이 왔어요. 남편은 프시케를 따뜻하고 부드럽게 대했지만, 얼굴은 볼 수 없었어요. 절대 얼굴을 보지 않기로 약속했거든요.

궁전으로 놀러 온 프시케의 언니들은 질투가 나서 프시케에게 분명 남편은 무서운 괴물일 것이라고 말했어요. 겁이 난 프시케는 그날 밤, 자고 있는 남편에게 램프를 갖다댔어요. 남편이 괴물이면 찔러 죽이려고 칼도 준비했지요.

프시케는 남편의 얼굴을 보고 숨을 쉴 수 없었어요. 남편은 멋진 모습의 에로스 신이었거든요. 바로 그때 램프에서 기름 한 방울이 에로스의 어깨에 떨어졌어요. 에로스는 몹시 화를 내며 소리쳤어요.

"믿음이 없는 곳에는 사랑도 없어요!"

프시케는 멀리 떠나는 에로스의 뒷모습을 보며 흐느껴 울었답니다.

▲ 마법 상자를 열고 있는 프시케

사랑을 위해 모든 것을 바치다

도전

프시케는 절망에 빠져 아프로디테에게 가서 용서해 달라고 빌었어요. 그러자 여신은 불가능한 과제 몇 가지를 해내면 용서해 주겠다고 했다. 에로스는 프시케가 아프로디테에게 받은 과제를 모두 해낼 수 있도록 도와주었다.

과제는 전해지는 이야기마다 조금씩 다르다. 하지만 여러 이야기에서 마법 상자 이야기는 빠지지 않는다. 프시케는 머리 세 개 달린 케르베로스가 지키는 지하 세계로 가서 마법 상자를 가져와야 했다. 그리고 마법 상자를 절대 열어서는 안 되었다. 하지만 호기심을 참을 수 없었던 프시케는 상자를 열자마자 깊은 잠에 빠졌다. 그러나 끊임없이 지켜보고 있던 에로스가 프시케를 잠에서 깨워 주었다.

마침내 결합하다

프시케가 불가능한 과제를 해내자 아프로디테는 어느 때보다도 크게 화를 냈다. 그래서 에로스는 신들의 아버지 제우스에게 호소했다. 제우스는 에로스를 불쌍히 여기고 프시케에게 신들의 음식인 암브로시아를 먹게 했다. 프시케는 이 음식을 먹고 불멸이 되어 에로스에게 꼭 어울리는 아내가 되었다. 마침내 아프로디테도 질투심을 버리고 에로스와 프시케의 결합을 받아들였다.

오래된 이야기

어떤 역사 학자들은 18세기 동화인 〈미녀와 야수〉가 아름다운 궁전에서 신비로운 생명체와 함께 사는 프시케 이야기에서 변형되었다고 믿고 있다.

세계 둘러보기
식물에 얽힌 전설

신화에는 생명과 치유, 죽음의 상징과 연결된 식물 이야기가 많이 나와요. 어떤 이야기는 특정 식물의 기원과 모습에 얽힌 마법과 같은 이야기가 전해지기도 하지요.

▲ **세이보 나무, 남아메리카**
노래 부르기를 좋아하는 '아나히'라는 여자아이가 적으로 지내는 부족에게 잡혀갔다. 그들은 아나히를 불에 태워 죽이려고 했는데, 불길이 몸을 휘감을 때, 아나히는 노래를 부르기 시작했다. 햇빛이 화형지에 쏟아지더니 아나히는 새빨간 꽃이 핀 세이보 나무로 변해 빽빽한 숲을 밝혀 주었다.

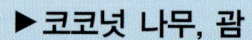
▶ **코코넛 나무, 괌**
어느 날 아름다운 여자아이가 목이 마르자 특별한 과일에서 짠 주스를 달라고 부탁했다. 마을 사람들 모두 과일을 찾아 나섰지만 결국 발견하지 못하고 여자아이는 죽고 말았다. 그 뒤, 여자아이 무덤에 신기한 식물이 자라기 시작했는데, 5년이 지나자 꽃의 높이가 6미터에 이르렀고 이상하게 생긴 과일이 달렸다. 과일이 땅에 떨어지면서 금이 갔는데, 그 속에 달콤한 액체와 씹히는 과일이 들어 있었다. 사람들은 이 과일에 '코코넛'이라는 이름을 붙였다.

▲ **수선화, 고대 그리스**
나르키소스는 잘생겼지만 허영심 많은 사냥꾼으로, 물에 비친 자신의 모습을 보고 사랑에 빠졌다. 나르키소스는 물가에서 무릎을 꿇은 채 자신의 모습에 눈을 떼지 못하고 쇠약해져 갔다. 신화에 따르면 나르키소스가 죽은 자리에서 가장 먼저 핀 꽃이 수선화이고, 허영심을 상징한다고 한다.

▲ **야향화, 필리핀**
한밤에 향기를 퍼뜨리는 이 꽃에 얽힌 이야기가 많은데, 그 가운데 하나는 다음과 같다. 부유한 귀족의 아내였던 다마는 남편이 영원히 자기 곁에 머물 수 있는 마법의 매력을 달라고 신들에게 부탁했다. 그날 밤, 남편이 파티에서 돌아오니 집에 아내가 보이지 않고 아름다운 향기만 풍겼다. 그 향기는 창밖에 새로 난 덤불에서 났는데, 덤불에는 별처럼 생긴 수천 개의 하얀 꽃이 피어 있었다. 남편은 더 이상 밖에 나가지 않고 밤이면 덤불 옆에 앉아 아내가 돌아오기를 기다렸다. 그러나 그 덤불이 바로 아내였던 것이다.

마법과 대혼란

아폴론 신에 대해 더 알고 싶으면 33쪽을 보세요.

▲ 팔로 보라초 나무, 아르헨티나

어느 전사를 사랑한 아름다운 여자의 전설이 있다. 남자가 전쟁터로 떠날 때, 여자는 남자를 영원히 사랑하기로 맹세했다. 그 뒤 오랜 시간이 흘렀지만 남자는 돌아오지 않았다. 여자는 슬픔에 겨워 죽으려고 숲으로 들어갔다. 사냥꾼들이 여자를 찾아냈지만 안아 올릴 수가 없었다. 여자가 그곳에 뿌리를 내렸던 것이다. 여자의 몸에서 가지들이 뻗어 나왔고 손가락에서는 눈물방울 같은 하얀 꽃이 피어났다. 꽃들은 여자가 사랑한 전사가 흘린 피를 기억하며 분홍빛으로 변했다고 한다.

▶ 코코펠리는 아메리카 원주민의 음악과 농업의 정령으로, 곱사등이 플루트 연주자로 그려진다. 어떤 신화에서 곱사등은 모든 식물과 전 세계 꽃의 씨앗이 든 가방으로, 코코펠리가 봄마다 씨를 뿌린다고 한다.

▲ 월계수, 고대 그리스

장난기 많은 사랑의 신 에로스는 태양신 아폴론에게 황금 화살을 쏘아 아름다운 님프 다프네와 사랑에 빠지게 만들었다. 반대로 다프네에게는 아폴론을 싫어하게 되는 납 화살을 쏘았다. 아폴론이 다프네를 뒤쫓자, 다프네는 강의 신인 아버지에게 자기 모습을 바꿔 달라고 외쳐 월계수가 되었다. 아폴론은 이후에도 다프네를 계속 사랑하여 월계수 관을 쓰게 되었다. 아폴론을 쫓던 또 다른 님프 로티스는 연꽃이 되었다.

73

이야기 속으로

어리석은 왕 미다스

오래전 프리기아에 '미다스'라는 착하지만 어리석은 왕이 있었어요. 어느 날, 농부들이 시골길에서 잠을 자고 있는 늙은 사티로스(반은 인간이고, 반은 염소인 짓궂은 숲의 정령)를 발견했어요. 농부들은 사티로스를 미다스 왕에게 데려갔지요.

'실레누스'라고 하는 사티로스는 술에 잔뜩 취해 있었고, 농부들은 그가 돌아다니지 못하게 꽃으로 사슬을 만들어 단단히 묶어 뒀어요.

▲ 농부들이 잠든 실레누스를 보살피고 있다.

미다스 왕은 포도주와 연회의 신 디오니소스를 믿고 따랐어요. 그는 실레누스가 신과 가깝게 지낸다는 사실을 알고 며칠 동안 실레누스에게 맛있는 음식을 주고 편히 지낼 수 있게 돌보았어요. 그러고는 실레누스를 디오니소스에게 돌려보냈어요. 디오니소스는 자신의 친구를 무사히 돌려보낸 데 기뻐하며, 미다스 왕에게 어떤 소원이든 말해 보라고 했어요. 미다스 왕은 손을 대면 뭐든 금으로 변하게 해 달라고 부탁했지요.

"정말 그러길 바라느냐?"

디오니소스가 물었어요.

"물론이에요!"

미다스 왕이 단호하게 말했지요.

디오니소스는 소원을 들어주었고, 미다스 왕은 집으로 향했어요. 가는 길에 떡갈나무 가지를 꺾자 나뭇가지가 금으로 변했어요. 미다스 왕은 보이는 건 뭐든지 다 만져 보았어요. 모든 것이 반짝반짝 빛나는 금으로 변했지요. 미다스 왕은 궁전에 도착하자 더욱더 들떴어요. 입구, 정원의 장미, 옥좌 옆에 둔 랜턴 등 모두 손으로 만지자 금세 금으로 바뀌었어요. 미다스 왕은 음식과 포도주를 가져오라고 했어요. 그런데 음식에 손을 대자마자 모두 금덩이로 변해서 먹을 수가 없었어요.

문득 미다스 왕은 디오니소스가 왜 소원을 들어줘도 되겠느냐고 되물었는지 깨달았어요. 바로 그때 사랑하는 딸이 다가왔어요. 미다스 왕은 손을 내저으며 가까이 오지 말라고 했지만 딸의 몸에 손끝이 닿아 황금 조각상으로 변하고 말았지요.

미다스 왕은 공포와 슬픔에 빠져, 디오니소스에게 끔찍한 선물을 다시 거두어 달라고 애원했어요. 미다스 왕을 불쌍히 여긴 디오니소스는 팍톨로스 강에 몸을 담그면 원래대로 돌아온다고 말해 주었어요.

디오니소스의 말대로 하자 미다스 왕은 원래대로 돌아왔답니다.

마법과 대혼란

마지막 자비
또 다른 이야기에는 디오니소스가 불쌍한 딸아이의 황금 조각상도 강물에 담그게 했다고 한다. 조각상이 강물에 닿자마자 딸은 다시 인간으로 돌아왔다.

더욱 어리석은 짓

시합
미다스 왕은 욕심을 줄이기 위해 시골에 가서 살았다. 그는 디오니소스를 따르는 대신, 들판의 짓궂은 신이자 갈대 피리를 잘 부는 판을 숭배하기 시작했다.

어느 날, 판은 자신의 연주가 아폴론이 연주하는 리라 소리(아폴론은 음악과 태양의 신이었다.)보다 더 감미롭다고 자랑했다. 그러고는 아폴론 신에게 연주를 겨뤄 보자고 도전했다. 산의 신 트몰로스가 심판으로 뽑혔다.

▲ 판이 먼저 연주했고, 모두 그의 즐거운 가락을 좋아했지만 트몰로스는 아폴론의 잎을 잊을 수 없는 음색이라 듣고 그를 승자로 결정했고 사람들도 수긍했다. 하지만 미다스 왕은 공정하지 못하다며 결과를 인정하지 않았다.

비밀
아폴론은 화가 나서 미다스 왕의 귀를 당나귀 털로 뒤덮인 기다란 귀로 만들어 버렸다. 왕은 터번으로 귀를 가렸고, 이발사만 그 비밀을 알게 되었다. 하지만 이발사는 입이 근질근질해서 구덩이에 대고 비밀을 속삭이고는 입구를 막았다. 바로 그 자리에 갈대들이 자라나더니 바람이 불 때마다 이렇게 속삭였다.
"임금님 귀는 당나귀 귀."

등장인물 들여다보기

인물 탐구
니세

이름 속에 이런 뜻이?
노르웨이와 덴마크 사람들은 니세를 '좋은 녀석들'이라고 불렀다. 스웨덴 사람들은 '톰트굽베', '톰테' 또는 '집의 노인'이라고 불렀다. 톰테는 집 밑의 땅과 그 주위의 뜰을 일컫는 말이다. '고르-보르데', '고드보르드' 또는 '툰 보르'라고 불릴 때는 '수호자'라는 뜻을 지닌다.

비슷한 성격
니세는 스코틀랜드의 브라우니, 독일의 코볼트, 네덜란드의 카바우테르마네컨이 지닌 특성과 비슷하다.

집에서 집으로
니세는 건초 보관소나 다락방, 심지어 마룻바닥 밑처럼 누구의 방해도 받지 않는 곳에 보금자리를 마련했다. 니세가 첫 번째로 거주한 농부의 영혼이고, 무덤에 살았다는 신화도 있다.

니세의 보답
가족들은 니세가 화내지 않도록, 그날 준비한 음식 같은 작은 선물을 주었다.

이런, 버터가 없네!
신화에 따르면, 한 니세가 불같이 화가 나서 소 한 마리를 죽였다. 포리지(곡물을 삶아 죽처럼 만든 간편식)에 넣어 먹을 버터가 없었기 때문이다. 그런데 다시 돌아와 포리지를 먹으려 할 때 버터가 밑바닥에 가라앉아 있음을 알게 되었다. 니세는 죽은 소에게 돌아가 자신이 저지른 실수를 미안해하며 소 옆에 돈을 남겨 두었다.

도움을 주는 요정 니세

스칸디나비아의 모든 농장과 가정에서는 한때 니세가 있다고 생각했어요. 몸집이 아이들만 한 니세 노인은 사람들에게 도움을 많이 주었어요. 하지만 버럭 화를 잘 냈고, 사람들이 놀리거나 고마워할 줄 모르거나 동물을 못살게 굴면 짓궂은 일을 벌이곤 했어요.

고마움을 모르면…

아무리 조그마한 일이라도 농부들이 니세에게 고마워하면, 그 보상으로 농장은 성공을 이루었어요. 그러나 니세의 도움을 무시하면 그의 비열한 수법에 걸려들어 '작은 도움'조차 받을 수 없었어요.

◀ 니세는 곡식을 쏟거나, 소꼬리를 서로 묶어 두거나, 촛불을 훅 꺼 버리고, 물건을 깨뜨리는 등 짓궂게 굴기도 했다.

크리스마스와 니세

1800년대 쓰인 소설에는 7월로 알려진 크리스마스 때 선물을 나눠 주는 것을 니세와 관련지었어요. 이런 생각은 점점 인기를 얻어 크리스마스 때 선물을 주는 율톰텐까지 생겨났어요. 니세 요정은 해마다 7월에 집집마다 들러 잘 지내는지 살피고, 착하게 지내 온 아이들에게는 선물을 주었다고 해요.

마법과 대혼란

신화에 따르면, 농장을 돌보며 도와주는 니세 없이는 어떤 농장도 잘 되지 않았다. 하인들이 아침에 일어나면, 가끔 허드렛일이 끝나 있고 헛간도 청소되어 있었다.

니세는 가축 돌보기를 즐겼는데 특히 말을 좋아했다. 말은 농부가 돌보고, 니세는 말을 살찌우고 건강하게 해 준다는 말이 있다.

꿀이나 버터를 얹은 포리지 한 그릇은 니세가 좋아하는 '감사' 선물이었다.

니세는 부끄럼을 잘 탔고 시끄러운 소리를 싫어했다. 사람들이 돌아다닐 때는 몸을 숨기길 좋아했다.

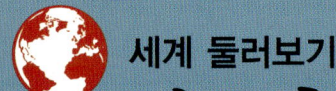

세계 둘러보기
숨어 지내는 요정

불가사의한 작은 사람들이 사람 앞에 나타나길 꺼리고, 어두워졌을 때만 나타나는 일은 유럽 신화에서 흔히 볼 수 있어요. 이들은 장난기가 많고 짓궂어요. 어떤 때는 도움을 주거나 복수심에 불타기도 해서, 사람들은 언제나 이들을 조심스레 다뤄야 했어요.

▼ **엘프, 북유럽** 영국과 독일의 옛날이야기에 귀가 뾰족하고, 짓궂고, 해를 끼치는 엘프가 나온다. 이들은 북유럽 신화에 나오는 엘프와 난쟁이에 기원을 둔 것으로 보인다. 사람들은 나쁜 꿈과 질병을 엘프 탓으로 돌렸다. 10세기에는 배 옆쪽이 아프면 엘프들이 뭔가를 던지기 때문이라고 생각했다.

북유럽 신화에 대해 더 알고 싶으면 90쪽을 보세요.

▲ **코리강, 프랑스**
난쟁이처럼 생긴 이들은 자신들의 흉측한 모습을 그대로 보여 주는 빛을 싫어했다. 오래된 바위 근처 샘가에 살며, 날이 어두워지면 나타나 원을 그리며 춤을 췄다.

▲ **드워프, 북유럽**
고대 신화 속 드워프들은 작고 못생긴 데다 기형의 모습으로 땅속 동굴에 살았다. 이들은 뛰어난 금속 세공인이었다.

마법과 대혼란

◀ 레프러콘, 아일랜드
구두를 만들고 무지개 끝 밑에 황금 단지를 쌓아 두기로 유명하다. 어떤 전설에서는 이들이 기원전 1800년대 아일랜드 정착민이었던 투아하 데 다난의 후손이라고도 한다.

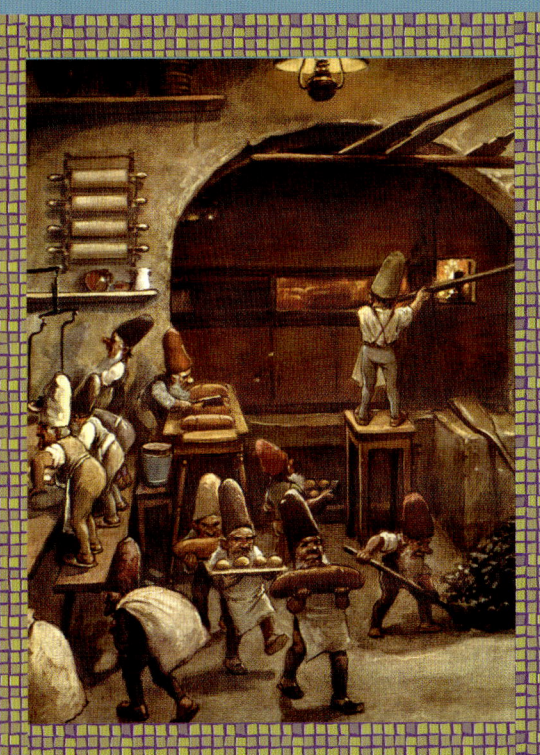

▲ 코볼트, 독일
보통 눈에 보이지 않는 이 작고 짓궂은 집 요정은 고대까지 역사가 거슬러 올라간다. 이들은 동물이나 불, 인간, 물건의 모습으로 나타날 수 있었다. 사람들을 돕거나 방해하기로 유명하다.

▶ 빛의 엘프, 북유럽
북유럽 신화에는 두 종류의 엘프가 나온다. 빛의 엘프는 마법의 힘을 지녔고, 하늘과 땅 사이에 있는 세계인 알프헤임에 살았다. 반대로 어둠의 엘프는 드워프처럼 땅속에 살았고, 탐욕스럽고 제멋대로 굴었다.

◀ 훌두포크, 아이슬란드
이 신비로운 사람들은 스칸디나비아 신화에 나온다. 이들은 보통 성품이 온화하지만, 자신들이 사는 거대한 바위에 일부러 해를 끼친 사람들한테는 끔찍한 일을 벌인다.

79

등장인물 들여다보기

인물 탐구
번입

늪지의 생명체
번입은 모양과 크기와 색깔이 매우 다양하게 묘사된다. 때로는 반은 인간이고 반은 동물로 묘사되고, 물고기나 고릴라 같은 모습으로 묘사되기도 한다.

화가가 받은 인상
1944년, 번입의 모습을 담은 우표 4장이 만들어졌다. 번입은 중세 괴물 석상 같은 모습이었을까(위 그림) 아니면 일부는 인간이고 일부는 샘을 지키는 정령의 모습이었을까?(아래 그림)

▲ 번입은 납작한 꼬리로 물을 쳐서 지나가는 사람을 어두컴컴한 물속으로 꾀어냈다.

번입을 조심하라!

오스트레일리아에는 물웅덩이나 깊은 습지에 번입이 도사리고 있어요. 이 사악한 신화 속 정령은 사람들을 검은 물속으로 유혹해서 잡아먹어요. 피가 얼어붙을 정도로 무시무시한 큰 외침을 듣거나 광경을 봤다는 이야기에서 전설이 시작되었어요.

추방된 정령

오스트레일리아 원주민들의 '드리밍(꿈) 이야기'에도 이 끔찍한 괴물이 나와요. 한 신화에 따르면, 번입은 부족 사람이었다고 해요. 그런데 어떤 남자가 무지개 뱀이 정한 법칙을 어겼어요. 좋은 정령인 비아미는 부족 사람들에게 이 남자를 부족에서 내쫓고 가까이하지 말라고 경고했지요. 남자는 화가 나서 악령이 되었고 '번입'이라 불렸어요. 그는 밤이면 땅 위를 돌아다니며 모든 부족의 불행과 공포를 모아 왔어요. 특히 여자와 아이들을 잡아먹었지요.

선사 시대의 하마?

약 4만 년 전까지, 몸집이 코뿔소만 한 초식 유대목 동물이 오스트레일리아에 살았어요. '디프로토돈'이라는 이 동물은 물가에서 풀을 뜯어 먹고 살았어요. 사람들은 혹시 이 동물이 코뿔소 같은 유대목 동물로 진화했고, 초기 부족 사람들이 이 동물을 보고 무서워한 건 아닐까 짐작해요.

▼ 디프로토돈은 그 무엇보다도 큰 유대목 동물이었다. 털이 많고 발톱이 날카로워서 뿌리를 파먹고 살았다.

악한 힘

오스트레일리아 원주민의 이야기에서는 번입에게 너무 가까이 다가가는 사람은 끔찍한 운명을 맞을 것이라 경고하고 있어요. 번입의 힘에 사로잡힌 젊은 여자들은 물의 정령이 되어, 남자들을 꾀어 물에 빠져 죽게 했지요.

개 같은 얼굴

시커먼 털

장어를 잡던 '군다'라는 남자가 번입의 새끼를 잡았다. 그러자 번입은 보복하기 위해 남자를 백조로 변신시켰다.

개구리 부족의 한 남자와 아내는 번입 때문에 헤어지게 되었다. 두 사람은 나무가 되어 서로를 향해 가지를 맞대고 있다고 한다.

바다코끼리 같은 엄니 또는 뿔

마법과 대혼란

늪지대에 나타난 낯선 정체

1800년대부터 사람들은 오스트레일리아와 태즈메이니아에 있는 습지와 호수, 강에서 번입을 보았다고 주장했다. 하지만 이 '생명체'들은 법을 어기고 도망쳐, 누군가가 나타나면 습지로 숨은 인간이 아닐까? 사람들이 돌아갔다고 생각해서 진흙이나 잡초를 뒤집어쓴 채 다시 나타났다가, 아직 남아 있던 사람들이 그를 보고 비명을 지른 건 아닐까?

코알라와 번입

한번은 순진한 코알라가 밤마다 아기 코알라를 혼자 놔두고 물웅덩이로 가서 번입과 수다를 떨었어요. 다른 코알라들은 사람들이 자신들을 싫어할까 봐, 번입을 만나러 가지 못하게 하기로 했지요. 나이 많은 코알라가 얼굴에 진흙을 묻히고 마법의 주문을 외웠어요. 문제의 코알라가 나타나자, 그 코알라의 새끼를 건네주고 새끼가 아무 데도 가지 못하게 하라고 했지요. 마법이 강력해서 새끼는 엄마한테 딱 붙어 있었어요. 번입은 코알라를 기다리다가 지쳐서 늪지로 돌아갔지요.

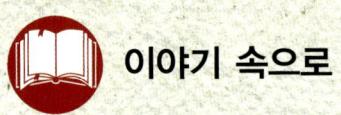 이야기 속으로

바바야가와 바실리사

▲ 빨간 기수는 한낮의 태양을 상징한다.

마녀 바바야가

뼈만 남은 할머니
바바야가는 늙고 못생긴 데다 참을성도 없는 러시아 마녀다. 그러나 한 번 내뱉은 말은 반드시 지킨다고 전해진다. 마녀는 곡식을 빻는 사발에 앉아, 막자의 안내를 받으며 하늘을 날았다. 자신이 가는 길은 빗자루로 쓸었다. 식욕이 엄청났고, 자신이 맡긴 과제를 해내지 못한 아이는 잡아먹었다.

말을 탄 세 남자
'빛의 수호자'로도 알려진 바바야가는 하인으로 둔 세 기수의 도움을 받으며 태양을 다루었다. 하얀 옷을 입고 하얀 말을 탄 기수는 새벽을 몰고 왔다. 빨간 옷을 입고 빨간 말을 탄 기수는 하늘에 해가 떠오르게 했다. 마지막 기수는 검은 옷을 입고 검은 말을 탄 남자로 밤을 상징했다.

아름다운 아가씨 바실리사

바실리사의 인형
바실리사가 가진 인형은 인형 속에 또 다른 인형들이 들어 있는 러시아 전통 나무 인형 마트료시카일 수도 있다.

행복한 결말
바실리사는 새어머니가 죽은 뒤 어느 할머니의 보살핌을 받았다. 인형의 도움을 받으며 아름답고 부드러운 흰 천을 짰는데, 할머니가 그 천을 왕 차르에게 선물로 바쳤다. 차르는 천의 질이 뛰어난 데 놀라며 바실리사에게 청혼했다고 한다.

옛날 옛적에 바실리사라는 아름다운 아가씨가 살았어요. 시름시름 앓던 어머니는 죽기 전에 바실리사에게 나무 인형을 주면서, 인형에게 먹을 것과 마실 것을 줄 때마다 바실리사를 보살펴 줄 거라고 했어요.

바실리사의 아버지는 재혼을 했어요. 그런데 새로 얻은 아내와 아내가 데려온 두 딸은 바실리사를 미워했어요. 어느 날, 아버지가 일 때문에 멀리 떠나자 새어머니는 바실리사에게 집안일을 모두 시켰어요. 하지만 고맙게도 나무 인형이 바실리사를 도와주었지요.

어느 날 저녁, 새어머니와 두 딸과 바실리사가 바느질을 하는데 갑자기 불이 꺼졌어요. 새어머니는 바실리사에게 숲에 사는 마녀 바바야가를 찾아가서 불을 가져오라고 시켰어요. 바실리사는 몹시 무서웠지만 나무 인형이 안심시켜 주었어요. 어두운 숲을 걸어가는 동안, 바실리사는 처음에 하얀 옷을 입은 기수를 보고 깜짝 놀랐고, 그다음엔 빨간 옷을 입은 기수를 보고 깜짝 놀랐어요. 한참 뒤 이번에는 검은 옷을 입고 말을 타고 오는 남자를 만났어요. 그는 빈터로 들어가더니 곧 사라졌어요. 빈터에는 이상하게 생긴 오두막이 있었어요. 뼈로 만든 집이었는데, 닭 다리가 집을 휘휘 감고 있었지요. 바실리사가 물끄러미 바라보는데, 못생긴 늙은 마녀 바바야가가 나타났어요. 바실리사는 벌벌 떨며 불을 좀 달라고 부탁했지요. 바바야가는 소리쳤어요.

마법과 대혼란

"먼저 일을 해. 일을 못하면 잡아먹을 테다!"

다음 날, 바바야가는 바실리사에게 온종일 일을 시켰어요. 그날 저녁에는 바실리사에게 밀을 주며 곰팡이가 핀 알갱이를 골라내라고 했어요. 바실리사는 나무 인형한테 도움을 요청하고는 지쳐 쓰러져 잠이 들었지요. 다음 날 아침에 일어나 보니 나무 인형이 일을 모두 끝내 놓았어요.

둘째 날, 바바야가는 바실리사에게 먼지 속에서 양귀비 씨를 골라내라고 했어요. 이번에도 나무 인형이 도와주었지요. 바바야가가 어떻게 그렇게 일을 잘 해내느냐고 묻자, 바실리사는 어머니의 사랑이 자신을 돕는다고 말했어요. 바바야가는 어머니가 주는 축복에는 자신도 이길 수 없음을 알고, 바실리사에게 불이 이글거리는 해골바가지를 주었어요. 바실리사는 집으로 돌아와 새어머니에게 불을 건넸어요. 그러자 놀랍게도 해골바가지의 두 눈이 새어머니와 두 딸을 빤히 바라보았어요. 다음 날 아침, 새어머니와 두 딸은 세 무더기의 재로 변해 있었답니다.

바바야가의 새 집 만들기

네모난 상자를 오두막으로 삼고, 뻣뻣하고 두꺼운 종이로 지붕을 만들어요. 철사를 구부리고 꼬아서 닭 다리처럼 모양을 내어 다리로 삼아요.

이제 마무리를 해 보아요. 공작용 점토로 굴뚝도 만들고, 자갈이나 이끼를 지붕에 붙여요. 벽에는 뼈다귀 그림도 그려 보아요.

등장인물 들여다보기

인물 탐구
자루를 멘 남자

상상 속 다양한 모습
이 사악한 남자는 뼈만 앙상하거나 털이 북슬북슬한 남자로, 유령으로, 지나가는 발밑을 꽁꽁 얼리는 거대한 파란 물방울로, 또는 창문을 끽끽 긁어 대는 초록 개구리 등으로 다양하게 나타난다. 식물과 관련된 묘사도 있다.

곶감
한국 전래 동화에 호랑이보다 더 무섭다는 '곶감' 이야기가 나온다. 한 어머니가 우는 아이에게 울음을 그치지 않으면 호랑이에게 먹이로 주겠다고 말했다. 마침 지나가던 호랑이가 그 말을 듣고, 아이를 자신에게 주는 줄 알고 기다렸다. 그런데 어머니가 도무지 울음을 그치지 않는 아이에게 곶감을 주겠다고 하자, 아기가 울음을 뚝 그쳐 호랑이는 자신보다 더 무서운 '곶감'이라는 자가 아이를 데리러 온 줄 알고 줄행랑쳤다고 한다.

코코넛 머리
아이들은 세 개의 구멍이 난 코코넛을 보고 사람 얼굴을 상상했고, 이것이 '엘 쿠코(코코넛 남자)'가 되었다. 엘 쿠코는 페루, 멕시코, 아르헨티나처럼 스페인 어를 쓰는 나라에서 조그마한 털북숭이 남자의 이름이 되었다.

호박 얼굴
포르투갈에서 엘 쿠코는 호박 머리를 한 유령이다. 전통에 따라, 사람들에게 겁을 주기 위해 속이 빈 호박에 눈, 코, 입을 조각하고 안에 촛불을 켠 뒤 어두운 곳에 둔다.

자루를 멘 수상한 남자

무시무시한 '남자'가 어둠 속에 숨어 있다가, 밤에 자루 하나를 메고 나타납니다. 그러고는 못된 아이들을 자루에 낚아채 가요. 전 세계 부모님들이 이 이야기로 못된 짓을 하는 아이들에게 겁을 주지요. 이 남자는 각 나라마다 자루를 멘 남자 또는 보기맨처럼 다른 이름으로 불려요.

이야기 속 진실
16세기와 17세기 스페인에서는 버림받은 아기를 모으는 고아 수집가가 있었어요. 그들은 아기들을 커다란 자루나 버들가지 바구니에 담았지요. 고아 수집가는 고아원으로 가는 중에 계속해서 아이들을 모았어요. 아이들은 대부분 보살핌을 받지 못해 자루 속에서 죽었지요. 못생기고 뼈만 남은 노인이 자루를 가지고 다니며 못된 아이를 잡아가 먹는다는 신화는 이 실화에서 생긴 것 같아요.

▶ 자루를 멘 남자의 판화, 스페인 화가의 작품

마법과 대혼란

◀ 아키타에서 사람들이 나마하게 악마처럼 차려 입고, 마을을 돌아다니며 집집마다 말 안 듣는 아이들은 잡아간다고 위협하는 모습을 보여 주고 있다.

보기맨이 온다!

자려고 하지 않는 아이, 엄지손가락을 빠는 아이, 부모님 말씀을 듣지 않는 아이들은 보기맨이 침대 밑이나 옷장에 숨어 밤이 될 때까지 기다렸다가 잡아갈지도 모른다고 해요. 일본에서는 나마하게가 새해 첫날 집집마다 다니며, 게으른 아이나 울지 않는 아이가 사는지 부모님한테 물어본다고 해요.

모험과 싸움

각 문화마다 전설적인 영웅이 있어요. 엄청난 어려움을 이겨 내고 가끔 신들의 도움을 받아 영웅적인 임무를 해내는 용감한 전사들이지요. 그 누구보다 특별한 영웅은 어떤 자질을 갖추었을까요?

◀ 페르세우스가 메두사 머리를 들춰 보이며, 무시무시한 바다 괴물을 돌로 만들어 안드로메다를 구한다(110쪽 참고).

세계 둘러보기
전사 영웅

힘이 센 전사 영웅은 모든 대륙의 전설과 신화에서 인기를 끄는 주인공이에요. 이들의 모험 이야기는 수많은 서사시와 전설에 실려 있지요. 강하고 두려움 모르는 영웅들은 자신이 믿는 명분을 위해서라면 수단과 방법을 가리지 않고 싸웠어요.

▲ 카드모스, 페니키아
고대 그리스 도시 테베를 세운 힘센 영웅이었다. 카드모스는 부하를 죽인 용의 손에 죽을 운명이었지만 용을 물리쳤다. 아테나 여신은 카드모스에게 용의 이빨로 땅을 갈라고 명령했다. 그러자 땅에서 '스파르토이'라는 무시무시한 전사 종족이 자라났다.

◀ 버서커, 북유럽
이들은 바이킹 전사 가운데 가장 무시무시했다. 치명상을 입은 상태에서도 싸웠을 정도다. 자기 통제를 하지 못할 만큼 화가 났다는 뜻의 '버서크'라는 단어가 여기서 비롯되었다. 전쟁의 신 오딘이 이들에게 전쟁의 광기를 불어 넣었다.

아킬레우스에 대해 더 알고 싶으면 112쪽을 보세요.

▲ 아킬레우스, 고대 그리스
아킬레우스가 태어나자, 어머니는 몸을 담그면 절대 죽지 않는다는 스틱스 강에 아킬레우스의 몸을 담그기로 했다. 그러나 어머니가 붙잡고 있던 아킬레우스의 발뒤꿈치가 강물에 닿지 않아 결국 전사로서 전설적인 공적을 세웠지만, 발뒤꿈치에 화살을 맞고 죽었다.

모험과 싸움

▲ 아서 왕과 기사들, 영국
고대 전설에 따르면, 아서 왕과 원탁의 기사들은 영국이 이들을 필요로 하는 날에 영국을 구하기 위해 일어나 싸울 준비를 하고 비밀 동굴에 잠들어 있다고 한다.

▲ 힐데브란트, 독일
〈힐데브란트의 노래〉 속 전사 힐데브란트는 젊었을 때 아들이 곁을 떠났는데, 몇 년 뒤 적군 편에 선 아들과 만나게 된다. 힐데브란트는 아들을 알아보고 자신의 팔찌들을 건네며 같이 무기를 내려놓자고 했다. 그러나 아들은 적군의 간사한 꾀라 의심하며 거절했다. 힐데브란트는 아들과 싸워 아들을 죽이든지, 자신이 죽든지 해야 할 운명임을 알았다.

▲ 야마토 다케루, 일본
이 전설적 영웅은 성질이 무시무시하다. 형을 죽여 추방당했지만, 자신이 지닌 힘과 기지 그리고 스사노오 신의 신성한 검으로 적을 물리쳤다.

▶ 아르주나, 인도
크리슈나와 함께 그려진 아르주나는 '무적의 지슈누'라고도 불렸다. 그는 사명감이 강하고 솜씨 좋은 궁수였다.

▲ 피온 맥쿰하일(핀 맥쿨), 아일랜드
아일랜드 인의 영웅 피온은 전사들을 모아 뛰어난 전투 부대를 만들어 침략자로부터 아일랜드를 지켰다.

 누구일까요?

북유럽 신

바이킹은 무자비한 전사들이었어요. 이들은 원래 고향인 노르웨이, 스웨덴, 덴마크에서 멀리 있는 나라까지 쳐들어 갔어요. 이들이 섬긴 신과 신화 속에 나오는 왕국을 보면, 바이킹이 두려움 모르는 전사 본능을 지녔다는 사실과 메마른 땅을 지닌 민족임을 알 수 있어요. 바이킹은 자신들의 용맹스러움에 신들이 영광을 베풀 것이라 고 믿었어요.

위그드라실
바이킹은 거대한 물푸레나무가 전 세계를 뒤덮고 곳곳에 뿌리를 내리며 높이 솟아 있다고 믿었다. 그리고 가지들은 아홉 개 나라를 밑받침하고 있다고 생각했다.

요툰헤임
거인들이 사는 나라

바나헤임
풍요의 신인 바니르 신 족이 사는 나라

스바르탈프헤임 또는 니다벨리르
어둠의 엘프 (드워프)들이 사는 나라

아스가르드
전쟁 신인 아스 신 족이 사는 나라

알프헤임
착한 엘프들이 사는 나라

미트가르트
인간이 사는 나라

무스펠헤임
열기와 불길의 나라 두 번째로 창조된 나라다.

헬헤임
죽은 자들이 사는 나라

니펠헤임
어둠과 얼음의 나라 첫 번째로 창조된 나라다.

위그드라실에 사는 동물

독수리 흐라에스벨그는 물푸레나무에서 가장 높은 가지에 앉아 날개를 퍼덕이며 바람을 일으켰어요. 수사슴 네 마리가 나무의 가지를 쳐 냈고, 용 니드호그는 뿌리를 갉아 먹으며 독수리와 싸웠어요. 다람쥐 라타토스크는 나무줄기를 바삐 오르내리며 용과 독수리 사이에 악의에 찬 말을 옮기며 이간질했지요.

모험과 싸움

오딘
신들의 지배자, 마법과 시와 예언과 싸움과 죽음의 신

오딘은 길게 흘러내리는 가운과 기다란 수염으로 알아볼 수 있다. 태양만큼이나 밝게 빛나는 눈 하나만을 지녔다. 다른 쪽 눈은 지혜와 맞바꿨다.

오딘과 프리그는 결혼하여 많은 아들을 두었다.

프리그
결혼과 모성애의 여신

프리그는 모든 이들의 운명을 알았지만 결코 입 밖에 내지 않았다.

비다르
강하고 말수 적은 복수의 신

비다르는 마지막 전투인 라그나로크 때 늑대 펜리르를 죽여 아버지의 죽음에 대해 복수했다.

토르
하늘과 폭풍과 천둥의 지배자

토르는 빨간 머리로 알아볼 수 있다. 쇠장갑을 끼고 마법 허리띠를 두르고 망치를 휘두른다.

요일 이름
영어에서 요일 이름 가운데 네 개는 북유럽 신의 이름에서 땄다. 화요일(Tuesday)은 티르에서, 목요일(Thursday)은 토르에서, 금요일(Friday)은 프리그에서, 수요일(Wednesday)은 오딘(Woden(보덴)으로도 알려져 있다.)에서 비롯되었다.

발데르
빛을 보내 주는 지혜롭고 아름다운 신

다른 신들에게 사랑을 받아 위험으로부터 보호받았다. 그러나 겨우살이에 찔려 죽었다.

결혼

난나
아스 신 족에 속하는 영향력 큰 여신

발데르가 죽은 뒤 난나는 슬픔을 이기지 못하고 죽었다. 둘은 헬헤임에서 다시 만났다.

호데르
힘이 센 눈먼 신

호데르는 짓궂은 로키 신의 꾐에 빠져 형제인 발데르를 죽였다.

뇨르드
바람과 바다의 신

결혼

스카디
스키와 사냥의 여신

뇨르드와 스카디는 행복하지 않았다.

스카디

헤르모드
전령의 신

대범하고 용감한 신으로, 발데르를 돌려 달라고 부탁하기 위해 스스로 헬헤임으로 갔다.

브라기
시와 웅변의 신

신들을 즐겁게 해 주고, 발할라 회당에서 죽은 영웅을 맞이했다.

결혼

이둔
영원한 청춘의 여신

신들이 먹으면 늙지 않고 죽지 않는 황금 사과를 보관했다. 사기꾼 로키 때문에 거인에게 잡혀갔지만, 로키는 이둔을 다시 구출해 와야 했다.

티르
전쟁의 신

신들이 늑대 펜리르를 마법의 비단 끈으로 묶으려고 했을 때, 티르는 늑대를 안심시키려고 담보로 자신의 손을 펜리르의 입속에 넣었다. 그러나 펜리르는 신들의 계략을 알아차리고 티르의 손을 물어 버렸다.

헤임달
신들의 수호자

아홉 자매의 아들로 태어나, 신이 사는 아스가르드와 인간이 사는 미트가르드를 잇는 무지개 다리 비프로스트를 지켰다. 뿔피리를 지닌 모습으로 그려지는데, 침입자가 있으면 뿔피리를 불어 신들에게 경고했다.

프레위르

포르세티
정의와 화해의 신

포르세티는 아스가르드에서 '글리트니르'라는 아름다운 정의의 법정에서 다스린다.

프레이야
사랑과 아름다움과 마법의 여신

프레이야는 전쟁의 여신이기도 했다. 전사자들의 반을 받아들이고, 나머지 반은 오딘이 데려갔다.

프레위르
평화와 날씨와 번영의 신

프레이야의 쌍둥이 오빠였다. 마지막 전투인 라그나로크 때 죽었다. 스스로 싸울 수 있는 마법의 검을 하인 스키르니르에게 빌려 주었기 때문이다.

◀ 황금 사과를 나눠 먹게 해 주는 이둔

등장인물 들여다보기

인물 탐구
천둥과 날씨와 생식의 신 토르

가족 관계
토르는 신들의 지배자인 오딘과 거인 여인 요르드의 아들로 태어났다.

▲ 토르의 아버지 오딘

토르는 긴 금발로 유명한 시프와 결혼했다. 계략의 신 로키가 시프의 금발을 자르는 바람에, 드워프들이 시프를 위해서 진짜 금으로 머리카락을 새로 만들어 주었다.

▲ 짓궂은 신 로키가 시프의 금발을 잘랐다.

토르는 거인 여인 야른작사 사이에도 두 아들, '힘'이라는 뜻의 마그니와 '분노'라는 뜻인 모디를 낳았다.

토르의 나라
신들이 사는 나라인 아스가르드에서 토르는 푸르드반가르(힘의 평야) 또는 푸르드헤므르(힘의 집)에 살았다. 이곳에 황금 지붕을 이은 빌스키르니르 궁전이 서 있었다.

쇠장갑, 야른그레이프르

망치, 묠니르

마법의 허리띠, 메긴교르드

천둥의 신 토르

바이킹에게 가장 인기 있는 신은 빨간 머리에 성질이 불 같고 망치를 휘두르는 하늘의 신 토르였어요. 토르가 신들의 주된 적인 거인들을 상대로 치른 전투 신화는 수없이 많아요. 하지만 토르에게 가장 무시무시한 적은 미트가르트 뱀 요르뭉간드르였어요. 이 뱀은 너무나 거대해 바닷속에서 세계를 휘감고 있었어요.

뇌우

토르는 버럭 화를 잘 내는 신으로 알려져 있어요. 토르가 하늘에서 마차를 몰고 지나갈 때마다 천둥이 울리곤 했지요. 토르의 마차는 탕그뇨스트(이빨 가는 염소)와 탕그리스니르(이빨 부딪치는 염소)라는 염소 두 마리가 몰았어요. 토르가 마법의 허리띠에서 솟구치는 힘으로 거인들의 머리 위로 마법 망치를 휘두르면 번개가 번쩍거렸어요.

탕그뇨스트와 탕그리스니르

모험과 싸움

마지막 전투 라그나로크

토르가 마지막 전투 라그나로크를 치르며 최대 적 뱀 요르뭉간드르를 죽이고, 가장 격렬한 이 전투로 세상이 끝날 것이라는 예언이 있었어요. 토르도 이 뱀이 내뿜은 독기에 죽었지요. 라그나로크는 대부분의 신이 죽을 운명이라는 뜻으로 '신들의 황혼'으로 번역되어요.

▲ 한번은 토르가 황소 머리를 미끼로 삼아 뱀을 잡았다. 그런데 거인 히미르는 겁에 질려 토르가 해머를 내리치기 전에 뱀을 낚은 줄을 잘라 버렸다.

◀ 토르의 마법 망치 몰니르는 드워프인 브로크와 에이트리가 계략의 신 로키와 내기를 하여 만든 무기다. 로키는 자신이 토르 아내의 머리카락을 자른 데 대해 토르가 복수하지 않도록 그에게 이 망치를 바쳤다

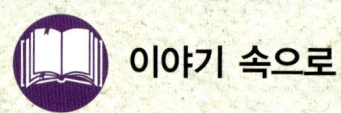 이야기 속으로

황금을 찾아

〈니벨룽겐〉은 유명한 북유럽 신화 가운데 하나입니다. 고대 부르군트 족이 살던 지역에 여러 가지 변형된 이야기가 많지요. 니벨룽겐은 마법의 황금 보물을 지닌 사악한 왕족으로 지금 독일의 라인 강 가까이에 살았어요. 전설에 나오는 영웅 지크프리트는 독일 전사로, 니벨룽겐의 두 지배자를 죽이고 마법의 검과 눈에 보이지 않게 하는 망토와 마법의 황금을 차지했어요. 그러나 두 지배자는 죽기 전에 자신들의 보물에 강력한 저주를 걸었어요.

▲ 강바닥에는 '라인 강의 아가씨들' 이라고 하는 강의 요정 셋이 황금 보물을 지킨다.

고대와 현대

서사시
이 전설은 서사시에서 유래했다. 10세기 라틴어로 쓰인 서사집 〈발타리우스〉에 처음 나온 것으로 알려져 있다. 스칸디나비아에서 발견된 룬 문자(고대 표음 문자)가 새겨진 돌을 통해, 이 전설이 북유럽 신화의 한 부분임을 알 수 있다. 또한 독일 서사시 〈니벨룽겐의 노래〉로도 전해지는데, 서사시로 이야기를 전하는 것이 인기 있었던 중세 시대에 지어졌다.

성공적인 오페라
현대에 〈니벨룽겐〉 이야기는 리하르트 바그너의 오페라 〈니벨룽겐의 반지〉(반지 사이클)로 가장 친숙하다. 이 오페라는 라인의 황금, 발퀴레, 지크프리트, 신들의 황혼 이렇게 4부작으로 구성되었다. 바그너가 쓴 오페라에서 니벨룽겐은 드워프 종족이고, 신들이 많이 나오며, 보탄이 왕으로서 이들을 다스린다.

반지
드워프인 알베리히는 라인 강에서 마법의 황금을 훔쳐 반지를 만들었다. 많은 신들이 이 반지를 빼앗으려고 갖은 묘략을 펼치자, 알베리히는 반지에 저주를 걸었다. 보탄은 손자 지크프리트가 반지의 저주를 이겨 내도록 했지만, 지크프리트는 배반당해 목숨을 잃었다. 결국 보탄의 딸인 브룬힐트가 반지를 라인 강에 되돌려 주었다. 그러나 그런 과정에서 모든 신들은 멸망한다.

▲ 지크프리트와 브룬힐트

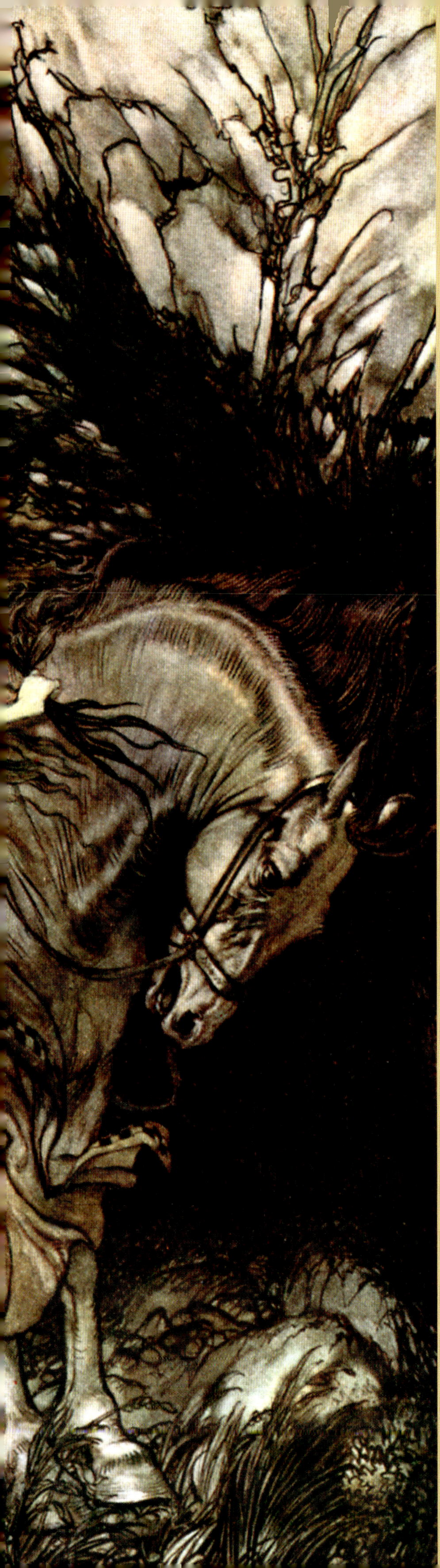

모험과 싸움

지크프리트는 보물을 차지한 뒤 한껏 들떴고, 군터 왕의 누이인 아름다운 크림힐트를 원했어요. 군터 왕의 사악한 형제인 하겐은 귀한 보물을 차지하고 싶어서 군터 왕에게 지크프리트를 조심하라고 말했어요. 그러나 지크프리트는 군터 왕과 함께 군터 왕의 최대 적인 색슨 족과 싸워 왕의 신임을 얻었지요.

군터 왕은 지크프리트와 크림힐트의 결혼을 허락했어요. 대신에 자신이 아름다운 아이슬란드 여왕인 브룬힐트한테서 결혼을 허락받을 수 있게 도와 달라고 했어요. 힘이 센 브룬힐트 여왕은 자신과 겨루어 이긴 사람과 결혼하겠다고 했거든요. 군터 왕과 함께 아이슬란드로 간 지크프리트는 마법의 망토에 몸을 숨기고 브룬힐트를 제압했어요. 브룬힐트는 군터 왕이 자신을 사로잡은 강한 남자라 믿고 그와 결혼하기로 했어요. 그리고 지크프리트는 크림힐트와 결혼했지요.

브룬힐트는 자신을 이긴 사람이 군터 왕이 아니라 지크프리트라는 사실을 알고 끔찍하게 여겼어요. 군터 왕은 브룬힐트의 마음을 알고 지크프리트를 질투했지요. 하겐은 왕의 명령을 받고 기꺼이 지크프리트를 죽였어요. 크림힐트는 자신이 마법의 보물을 이어받는다면 남편의 죽음에 복수하는 데 쓰겠다고 맹세했어요. 하지만 하겐은 바라던 보물을 손에 넣은 뒤, 보물이 안전하도록 라인 강에 던졌어요.

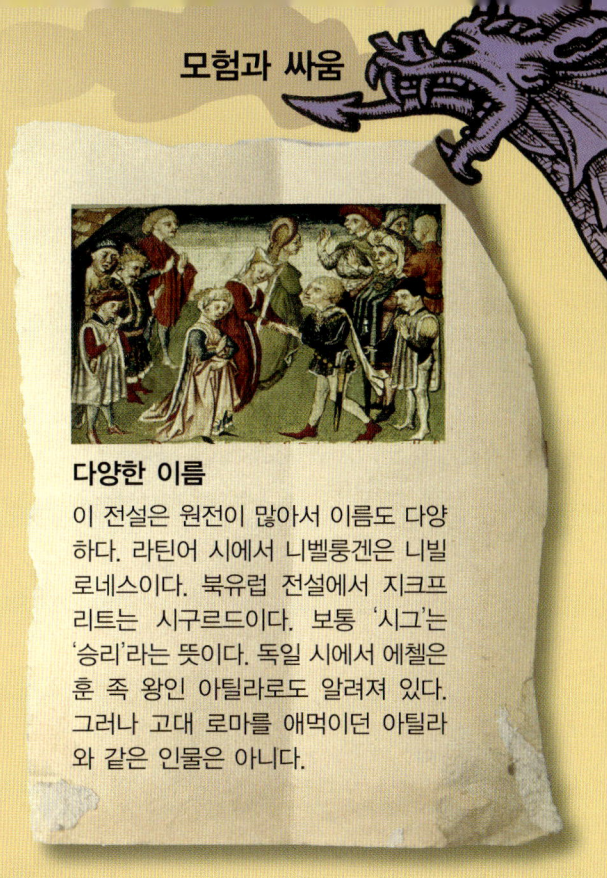

다양한 이름

이 전설은 원전이 많아서 이름도 다양하다. 라틴어 시에서 니벨룽겐은 니빌로네스이다. 북유럽 전설에서 지크프리트는 시구르드이다. 보통 '시그'는 '승리'라는 뜻이다. 독일 시에서 에첼은 훈 족 왕인 아틸라로도 알려져 있다. 그러나 고대 로마를 애먹이던 아틸라와 같은 인물은 아니다.

몇 년 뒤 크림힐트는 훈 족 왕인 에첼과 결혼한 뒤, 군터 왕과 하겐을 궁으로 불러들여 죽였어요. 그러나 크림힐트도 이 두 사람의 신하에게 죽음을 당했어요. 니벨룽겐의 황금이 숨겨진 곳의 비밀은 하겐과 함께 묻히고 말았지요.

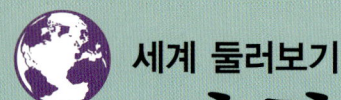

세계 둘러보기
신화 속 괴물

신화에 나오는 괴물들은 독특하게 생겼어요. 쳐다보기도 무서울 정도예요. 몸 부위마다 다른 동물의 모습을 지녔고 초자연적인 힘을 가졌지요. 나쁜 짐승이 많았지만, 신을 돕거나 유니콘처럼 선량함을 나타내는 동물도 있어요.

▶ **가루다, 인도**
힌두교와 불교 신화에서 독수리 머리를 지닌 가루다는 비슈누가 타고 다니는 신으로, 또 악마를 물리치는 신으로 숭배되었다. 가루다는 나가(뱀)와 원수 사이로, 사람들은 뱀의 공격을 피하기 위해 가루다의 형상을 따서 몸에 착용했다.

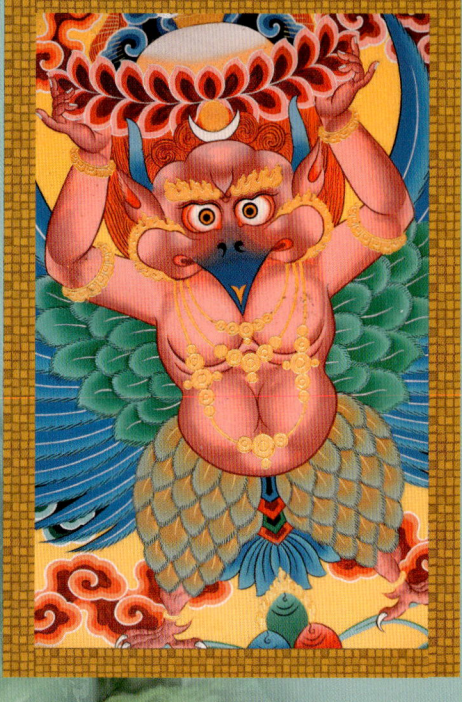

▼ **만티코라, 인도**
빨간색 사자 몸통에 사람 얼굴, 전갈의 꼬리를 하고 있다. 꼬리에서는 독가시를 뿜어낸다. 고대 그리스에 사람을 잡아먹는 이 괴물이 실제로 존재했는지에 대해 논란이 많았다.

▼ **키메라, 고대 그리스**
불을 뿜어내는 괴물인 키메라는 사자와 염소와 용이 뒤섞인 모습이다. 소아시아 산에서 무엇이든 죽이며 살다가 영웅 벨레로폰 손에 죽었다. 벨레로폰은 날개 달린 말인 페가수스를 타고, 창으로 납덩어리를 키메라의 목구멍에 넣어 버렸다. 키메라 머금은 뜨거운 열기에 납이 녹아, 키메라는 숨이 막혀 죽었다.

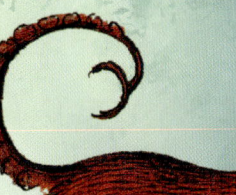

모험과 싸움

▲ **타라스크, 프랑스**
등이 거북 등딱지 같은 이 사나운 짐승은 잡히는 대로 불태우며 프랑스 남부 마을을 공포로 몰아넣었다고 한다. 성경 속 괴물 리바이어던과 비늘로 덮힌 스페인 괴물 오나츄스 사이에서 태어났다. 성녀 마르타가 길을 들였다.

▶ **유니콘, 프랑스**
유니콘의 뿔은 생명을 주는 마법의 힘을 지녔다고 전해진다. 중세 시대에 치료 약으로 이 뿔을 갈아 팔았다고 하나, 실제로는 일각고래 가루였을 것이다.

◀ **켄타우로스, 고대 그리스**
반은 사람이고 반은 말인 모습이다. 숲 속 괴물인 켄타우로스는 사납고 잔인하기로 유명했다. 하지만 켄타우로스 족 가운데 케이론은 지혜롭고 친절하기로 이름을 날렸다.

▼ **그리핀(그리폰), 유럽과 아시아**
힘이 센 것으로 알려진 그리핀은 흉악한 사자와 독수리 모습의 괴물로, 황금으로 튼 둥지를 맹렬히 지켰다. 공룡 뼈 화석을 발견하면서 그리핀 신화가 생긴 것으로 여겨진다.

◀ **드레우르, 북유럽**
이 괴물은 바이킹들의 무덤에 살며 생명체를 괴롭혔다. 근대에 와서 물에 빠져 죽은 선원들과 관련짓게 되었다. 뱃사람이 배 중간에서 드레우르가 노 젓는 모습을 보면 곧 죽을 운명임을 알았다.

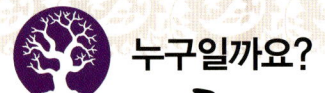

누구일까요?
인도의 신

인도의 신은 힌두교 이야기에서 초기 베다 신화에 나오는 신과 조금 뒤에 등장한 여러 신이 결합되어 있어요. 이 신화들은 인간에게 삶을 가장 잘 이끌어 가는 방법을 보여 줘요. 모든 이야기에는 전능한 힌두 신 세 명이 나오는데, 바로 브라흐마, 비슈누, 시바 신이에요.

물고기 : 미츠야 / 거북 : 쿠르마 / 수퇘지 : 바라하 / 사자 : 나라싱하 / 난쟁이 : 바마나 / 전사 : 파라슈라마 / 왕자 : 라마 / 왕 : 크리슈나 / 정신적 지도자 : 부처 / 미래에 올 : 칼키

10 화신
세계에 선과 악의 균형이 흐트러지면 비슈누가 여러 모습으로 나타나 세상을 바로잡았다. 그동안 아홉 가지 아바타 또는 화신이 있었다. 열 번째 칼키는 미래의 화신으로, 세상의 마지막 순간(칼리유가)에 나타날 것이다.

비슈누
보존과 보호의 신
평화, 선, 자비와 관련 있고 우주 운행을 책임졌다. 소라고둥, 원반, 곤봉, 연꽃을 들고 있다.

브라흐마, 비슈누, 시바는 삼위일체 신이다.

사라스바티
지혜의 여신
하얀 옷차림에 염주와 지식을 상징하는 야자나무로 만든 책을 들고 있다. '비나'라는 인도 현악기를 연주한다.

브라흐마
창조신
브라흐마는 비슈누의 배꼽에 핀 연꽃에서 자랐다. 자신의 몸으로 사라스바티 여신을 만들어 세상을 창조하는 일을 돕게 했다.

인드라 : 반신들의 왕 / 바루나 : 바다의 신 / 바유 : 바람의 신 / 아그니 : 불의 신

데바와 아수라
세계가 창조되는 동안 브라흐마는 인도 신화에 나오는 슬기로운 현인을 많이 만들었다. 그 가운데 카시야파는 반신인 데바의 아버지가 되었다. 데바는 자연의 힘과 연관된 신들인데, 악마인 아수라들은 끊임없이 데바와 싸우고 파괴를 일삼았다. 브라흐마와 비슈누, 시바가 이 반신들을 도왔기 때문에 아수라들이 늘 싸움에서 졌다.

▲ 라바나_머리가 열 개인 악마들의 왕

모험과 싸움

갠지스 강(강가 강)에 평온을

갠지스 강은 하늘에서 흐르던 물이라고 믿어 신성하게 여겨졌다. 어느 날, 아름다운 강가 여신이 현자를 모욕했다. 그러자 현자는 저주를 걸어 강가 여신을 강으로 변하게 했다. 인도 왕인 바기라타의 이야기에서는, 강가가 지상에서 흐르도록 브라흐마가 보냈다고 한다. 강가는 지상으로 가고 싶지 않았지만 브라흐마의 명령을 어길 수 없었다. 심통이 난 강가는 하늘에서 엄청난 힘으로 떨어져 온 세계를 홍수에 빠뜨리기로 했다. 그러나 강가가 아래로 쿠르릉 흘러내릴 때, 시바 신이 나서서 강가를 자신의 머리카락으로 감았다. 그러자 강가는 시바 신의 기다란 머리카락을 타고 히말라야 산으로 잔잔하게 흘러내렸다.

▶ 강의 여신 강가를 잔잔히 흘러내리게 하는 시바 신

락슈미
빛과 아름다움, 부와 행운의 여신
순수를 뜻하는 활짝 핀 연꽃에 앉은 모습으로 표현된다. 금화가 손에서 쏟아지는 모습은 부를 상징한다.

시바는 춤의 신으로도 알려져 있다. 거칠게 춤을 추며 창조를 이루었기 때문이다.

파르바티, 락슈미, 사라스바티는 모두 신성한 여성적 권능을 나타내는 마하데비의 모습이다. 마하데비는 죽음과 파괴의 여신인 두르가와 칼리의 모습으로도 나타난다.

시바
파괴의 신
창조와 파괴의 균형을 이루며, 결함을 없애고 세상이 다시 창조되도록 세계를 파괴할 수 있다. 세 번째 눈은 지혜를 뜻한다.

파르바티
용기와 힘의 여신
시바의 아내이다. 시바에게 행복한 가족의 삶에 대해 가르치며, 사랑과 인내로 시바가 평온함을 유지하도록 한다.

카르티케야
데바 군대의 우두머리
시바의 완벽하고 용감한 아들로, 악마와 어떤 악이든 맞서 싸우고 파멸시키기 위해 창조되었다.

가네샤
성공의 신
코끼리 얼굴을 한 가네샤는 인기 많은 신으로, 모든 악과 장애물을 없애 인간이 성공을 이루도록 돕는다.

등장인물 들여다보기

인물 탐구
세계의 어머니 두르가

이름 속에 이런 뜻이?
두르가는 '가까이하기 두려운 여신'이라는 뜻이다.

다양한 모습
태초부터 존재했던 신성한 여성적 권능인 위대한 여신 마하데비로서, 두르가는 다음과 같이 다양한 모습으로 나타난다.

보살피고 용기를 주는 온화한 여신 파르바티, 빛과 부의 여신 락슈미, 죽음과 파괴의 여신 칼리, 지혜의 여신 사라스바티, 장수의 여신 사티.

▲ 칼리

▲ 사라스바티

가족 관계
파르바티가 온화한 모습으로 나타날 때는 파괴자 시바 신의 아내다.

▲파르바티에게는 데바 군대를 이끄는 카르티케야와 성공의 신 가네샤, 이렇게 두 아들이 있다. 딸로는 빛과 지식의 여신 조티가 있다.

▶ 가네샤

두르가 여신

천하무적의 힌두 전사 여신 두르가에 대해서는 악마들과 겨룬 전투 이야기가 많아요. 두르가는 엄청난 파멸의 힘을 지녔지만 이 힘을 악을 이기기 위해 써요. 하늘과 지상과 전 세계에 질서를 유지하는 역할을 맡았지요.

치명적인 적

물소 악마인 마히쉬아수라가 군대를 이끌고 지상과 하늘과 온 세계를 위협하자, 모든 신은 두르가를 창조하기 위해 각자 지닌 힘을 결합했어요. 두르가는 완전히 성장한 채 태어났어요. 두르가가 악마들과 싸울 때 다른 신들은 무기를 주었어요.

비슈와카르마 : 도끼
쿠베라 : 철퇴
칼라 : 검
시바 : 삼지창
바유 신 : 활
비슈누 : 원반
수리야 : 화살
바루나 : 소라고둥

장대한 전투

전투를 치르는 동안 악마 마히쉬아수라는 물소, 코끼리, 사자 같은 여러 동물로 모습을 바꾸었어요. 그때마다 두르가는 마히쉬아수라를 죽였어요. 악마가 모습을 또 바꾸려는 순간, 두르가는 몸에서 놀라운 빛을 내뿜으며 마히쉬아수라의 머리를 베었어요.

모험과 싸움

두르가는 팔이 여덟 개나 열 개로 묘사되는데, 힌두교에서 여덟 지역이나 열 방향을 상징한다.

빨간색 옷은 행동을 상징한다. 언제나 악을 없애고 고통과 괴로움을 받지 않도록 지키느라 바쁘기 때문이다.

두르가는 눈이 세 개다. 왼쪽 눈은 욕망을, 오른쪽 눈은 행동을, 가운데 눈은 지식을 뜻한다.

한 손에는 아직 완전히 피지 않은 연꽃을 들고 있다. 전투에서 이길 거라고 확신하지만, 아직 승리를 얻지 못했음을 뜻한다.

소라고둥은 창조와 악을 물리친 승리의 소리를 낸다.

두르가는 사자나 호랑이를 타고 다닌다. 이는 힘과 의지, 투지를 나타낸다.

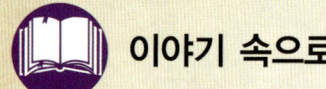

오쿠니누시와 흰 토끼

이즈모 신화는 일본 서쪽 지역의 도시 이즈모에 살던 신들에 대한 이야기예요. 폭풍의 신 스사노오는 누나인 태양의 여신 아마테라스를 괴롭혀 하늘에서 쫓겨 났어요. 스사노오는 구시나다 공주와 결혼해서 함께 이즈모를 세웠어요. 이들의 아들 오쿠니누시는 이 이야기에서 아주 중요한 인물이에요.

오쿠니누시는 형제가 80명이었어요. 이들은 모두 '야가미히메'라는 아름다운 공주와 결혼하고 싶어 했지요. 형제들은 오쿠니누시만 남겨 두고 짐을 나르러 먼저 떠났어요. 길을 가던 중, 그들은 털가죽이 벗겨져 고통스러워하는 토끼를 만났어요.

"어떻게 하면 털이 다시 자랄까요?"
토끼가 애절하게 물었어요.
"소금물에 목욕을 하렴."
짓궂은 형제들이 알려준대로 소금물에 목욕을 하자, 더욱 고통스러울 뿐이었어요.

잠시 뒤에 오쿠니누시가 고통스러워하는 토끼를 만났어요.
"어쩌다가 털가죽을 잃었니?"
오쿠니누시가 친절하게 묻자 토끼는 슬픈 이야기를 들려주기 시작했어요.
"야가미히메 공주를 만나러 가던 길이었는데, 우리 섬 사이에 있는 바다를 건너야 했지요. 저는 꾀를 내어 악어한테 토끼들이 악어들보다 더 많다고 했어요. 악어가 믿지 않기에, 그러면 악어들한테 이쪽 섬에서 저쪽 섬까지 한

줄로 서면 제가 수를 세어 보겠다고 했지요. 악어들이 한 줄로 서자, 저는 그들의 등 위로 폴짝폴짝 뛰어갔어요. 제가 바닷가에 다다랐을 때 악어들은 속았다는 걸 눈치챘지요. 그러자 마지막에 있던 악어가 저를 잡아서 가죽을 벗겼고 저는 간신히 도망쳤어요. 털가죽이 다시 자라려면 어떻게 해야 하나요?"

"민물에 목욕을 한 뒤 부들 꽃가루에서 구르렴."

오쿠니누시가 알려 준 대로 하자 토끼의 털이 금세 자라나더니 본 모습을 되찾았어요. 원래 토끼는 신이었어요. 신은 오쿠니누시에게 공주와 결혼하게 될 거라고 말해 주었어요.

이 사실을 안 형제들은 질투심에 사로잡혀 오쿠니누시에게 뜨거운 흰 바위를 굴렸어요.

오쿠니누시는 바위가 야생 돼지인 줄 알고 덥석 잡는 바람에 불에 타서 죽었어요. 하지만 신들이 그를 되살려 주었지요. 다시 형제들이 오쿠니누시를 짓밟아 죽이자, 또다시 신들이 그를 살려 냈어요. 그러자 오쿠니누시는 지하 세계로 달아났지요. 그곳에서 오쿠니누시의 모험은 계속 이어졌어요.

모험과 싸움

▲ 수룡과 싸우는 스사노오

계속되는 이야기

이어지는 시련
오쿠니누시는 지하 세계에서 배다른 누이인 스세리히메를 만나 사랑에 빠졌다. 하지만 이들의 아버지 스사노오는 둘의 관계가 마음에 들지 않았다. 과연 오쿠니누시가 남편이 될 자격이 있는지 시험하고 싶어서 그에게 어려운 과제를 주었다. 오쿠니누시는 스세리히메의 도움을 받아 과제를 해냈지만, 스사노오는 여전히 둘의 결혼을 허락하지 않았다.

연인과 함께 도망
어느 날 밤, 스사노오가 잠들어 있을 때 오쿠니누시는 그의 방으로 몰래 들어가 스사노오의 긴 머리를 궁궐 서까래에 묶었다. 그러고는 스사노오의 무기와 '코토'라는 악기를 가지고 스세리히메와 도망쳤다. 스사노오가 잠에서 깨어 오쿠니누시를 뒤쫓아 가려면 궁궐을 무너뜨릴 수밖에 없었다.

통치자
오쿠니누시와 스세리히메는 지하 세계에서 벗어났다. 오쿠니누시는 아버지한테서 가져온 무기로 형제들과 싸워 모두 불리치고, 이스보의 힘센 통치자가 되었다. 나중에는 풍요와 치료, 음악, 행복한 결혼의 신이 되었다.

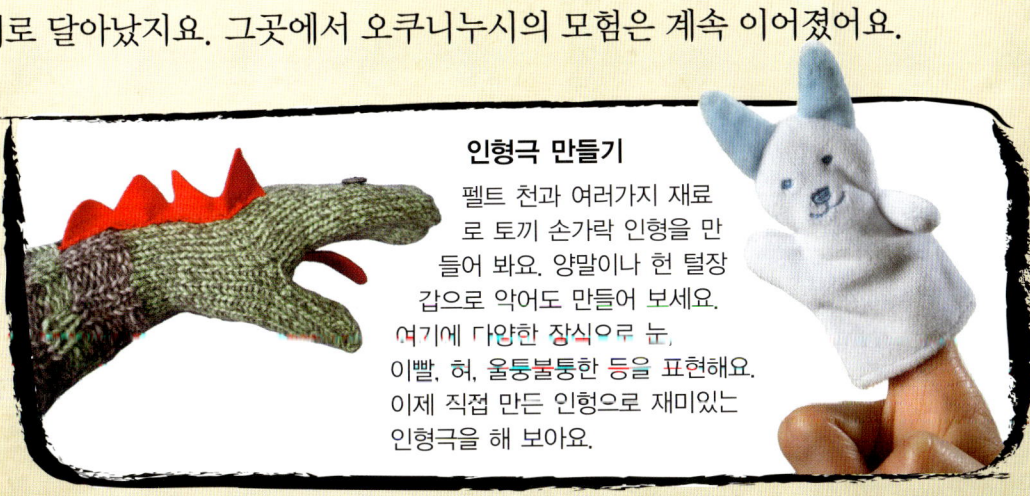

인형극 만들기

펠트 천과 여러가지 재료로 토끼 손가락 인형을 만들어 봐요. 양말이나 헌 털장갑으로 악어도 만들어 보세요. 여기에 다양한 장식으로 눈, 이빨, 혀, 울퉁불퉁한 등을 표현해요. 이제 직접 만든 인형으로 재미있는 인형극을 해 보아요.

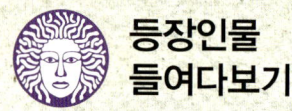

등장인물 들여다보기

인물 탐구
헤라클레스

가족 관계
로마에서는 '헤르쿨레스'라고 불린다. 제우스와 인간 알크메네 사이에서 태어났다. 제우스의 아내 헤라는 화가 나서, 제우스가 아니라 헤라클레스에게 화풀이를 했다.

▲ 맨손으로 네메아의 사자와 몸싸움을 벌이는 헤라클레스

헤라클레스의 열두 가지 과업

1. 네메아의 사자 죽이기
2. 히드라 물리치기. 히드라는 아홉 개의 머리 가운데 딱 하나만 불멸이었는데, 헤라클레스는 불멸의 머리는 땅에 묻고 나머지는 불에 지져 죽였다.
3. 황금 뿔과 청동 발굽을 지닌 암사슴 케리네이아 잡아 오기
4. 에리만토스의 멧돼지를 산 채로 잡아 오기
5. 30년 동안 청소하지 않은 아우게이아스의 외양간을 하루 만에 치우기
6. 사람을 먹는 스팀팔로스의 새 죽이기
7. 날뛰는 크레타의 황소 잡아 오기
8. 사람을 먹는 디오메데스 왕의 암말 잡아 오기
9. 아마존의 여왕 히폴리타의 허리띠 훔쳐 오기
10. 게리온의 소를 잡아 오기
11. 헤스페리데스의 황금 사과 가져오기
12. 타르타로스에서 머리 세 개 달린 개 케르베로스를 잡아오기

영웅 헤라클레스

힘이 센 그리스의 반신이자 영웅 헤라클레스는 제우스의 아내인 헤라에게 자주 구박을 받았어요. 헤라는 헤라클레스의 화를 잔뜩 돋우어 자신의 가족을 모두 죽이게 한 적도 있어요. 헤라클레스는 깊이 한탄하며 델포이에서 신탁을 구했어요. 그는 에우리스테우스 왕이 내린 '불가능한' 과제를 모두 수행하면서 죄를 씻게 되었어요. 그런 뒤에야 불멸과 용서를 얻었지요.

독화살

헤라클레스가 강을 건너는 동안 새로 맞이한 아내 데이아네이라를 켄타우로스인 네소스가 납치해 가려고 했어요. 헤라클레스는 히드라의 피가 묻은 독화살로 네소스를 죽였어요. 그런데 네소스는 죽기 전에 데이아네이라에게 자신의 피는 사랑의 묘약이라면서 간직해 두라고 했어요.

▲ 네소스는 자신의 피에 독이 흐르는 것을 알고, 그 피로 헤라클레스를 죽일 수 있으리라 생각했다.

헤라클레스의 죽음

몇 년 뒤 데이아네이라는 헤라클레스가 다른 여자를 만난다는 소문을 들었어요. 그래서 네소스가 거짓말을 한 줄도 모르고, 그의 피를 헤라클레스 옷에 묻혔어요. 헤라클레스는 옷을 입자마자 독이 몸에 퍼져 고통스러워했어요. 그는 고통에서 벗어나고자, 자신을 화장시켜 달라고 친구를 설득했어요.

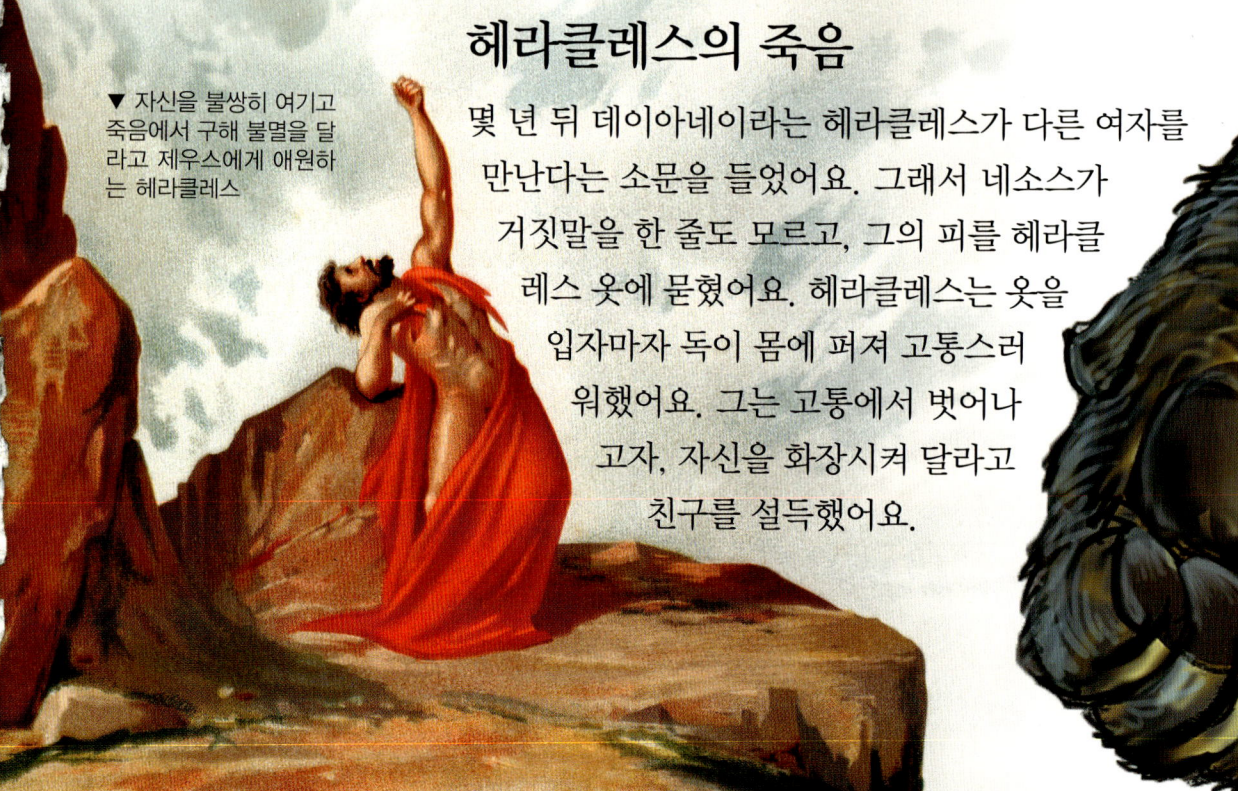

▼ 자신을 불쌍히 여기고 죽음에서 구해 불멸을 달라고 제우스에게 애원하는 헤라클레스

모험과 싸움

◀ 헤라클레스는 사자 가죽을 입고 다녔는데, 사자 머리는 모자처럼 썼다. 사자가 아버지의 소를 공격하자 헤라클레스가 죽여 버렸다.

▲ 헤라클레스는 무기로 늘 나무 곤봉을 지녔다.

헤라클레스는 아버지가 신이었기 때문에 신과 같은 면모를 지녔다. 그래서 어느 인간 보다도 더 강하고, 크고, 뛰어난 기술을 가지고 있었다.

헤라클레스는 어린아이였을 때도 엄청나게 힘이 세서, 맨손으로 뱀 두 마리를 죽였다고 한다.

헤라클레스의 누이 아테나
아테나는 헤라클레스의 배다른 누이로, 전쟁의 여신이었다. 아테나는 헤라클레스가 열두 과업 중 스팀팔로스의 식인 새를 죽이는데 도움이 되는 청동 꽹과리를 주었고, 헤스페리데스의 황금 사과를 돌려주었고, 케르베로스가 있는 지하 세계로 길을 안내했다.

▲ 아테나 제단에서 보호를 간절히 바라는 헤라클레스와 헤르메스

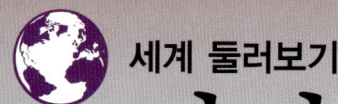

세계 둘러보기
여전사

여자 영웅들은 신화나 전설에서 보호자, 구원자, 전사로 나옵니다. 또는 전통적으로 전사 역할은 남자의 몫이었기 때문에 남자로 위장하기도 했어요.

▼ **잔 다르크, 프랑스** 잔은 열세 살 때 천사 미카엘로부터 영국과 맞서 싸우라는 계시를 받았다고 전해진다. 천사들은 교회 제단 뒤에 묻혀 있던 검을 찾도록 잔 다르크를 이끌었다. 잔 다르크가 낡고 녹이 슨 검을 들어 올리자 마법처럼 녹이 사라졌다.

▲ **아마존, 고대 그리스** 아마존은 여전사 부족으로, 그리스 전쟁의 신 아레스의 딸이라고 전해지는 히폴리타 여왕이 이끌었다. 이들은 강하고 싸움 잘하기로 이름을 날렸다. 호메로스가 쓴 서사시 〈일리아드〉에는 트로이의 전사 헥토르가 죽은 뒤 아마존 부족이 트로이를 위해 싸웠다고 한다.

트로이 전쟁에 대해 더 알고 싶으면 112쪽을 보세요.

▲ **들소송아지길 여인, 북미** 샤이엔 부족이 로즈버드 샛강에서 커스터 부대와 치열하게 전투를 치를 때였다. 들소송아지길 여인은 살벌한 싸움터로 쏜살같이 달려가 오빠를 구해 왔다. 샤이엔 부족은 이를 칭송하는 뜻으로, 이때 치른 전투를 '소녀가 오빠를 구한 전투'라고 불렀다.

모험과 싸움

▼ 오야, 서아프리카
니제르 강의 여신이다. 요루바 족은 오야를 바람과 번개와 파괴의 전사 여신으로 여긴다. 오야가 춤을 추면, 휘날리는 치마에서 회오리바람이 인다.

▲ 화목란(뮬란), 중국
이 영웅적인 전사는 나이 든 아버지 대신 남자처럼 꾸미고 군대에 들어갔다. 뛰어난 우두머리이지만 전투가 끝난 뒤에는 군대를 떠나 가족에게 돌아가는 길을 택했다.

◀ 부디카, 영국
이케니 부족의 여왕으로, 로마 제국이 영국을 점령한 초기에 로마 군에 맞서 싸웠다. 전설에서 부디카는 용감하게 싸웠지만 결국 졌다고 전해진다. 싸움에서 진 장소와 묻힌 곳도 알려지지 않았다.

▶ 벨로나, 고대 로마
어떤 신화에서는 벨로나가 전쟁의 신 아레스와 쌍둥이라고 전해진다. 로마 사람들은 싸울 때 전투적인 기세를 지니게 해 달라고 기원하곤 했다.

 **이야기 속으로**

테세우스와 미노타우로스

▲ 역사적으로 미로는 가운데를 향해 길이 하나만 나 있는 형태였다. 신화에서 미로는 영웅이 극복해야 할 하나의 과제였다. 미로는 탄생(시작)에서 죽음(가운데)에 이르는 인생 여행을 상징했다.

영웅 테세우스

부모
테세우스의 어머니는 피테우스 왕의 딸인 아이트라였다. 아버지는 두 명이다. 아이트라의 남편이자 아테나이의 왕인 아이게우스와 바다의 신 포세이돈이다.

왕권을 주장하다
아이게우스는 아이트라가 임신한 사실을 알고 아테나이로 돌아갔다. 그는 떠나기 전에 자신의 검과 샌들을 무거운 바위 밑에 묻었다. 그러고는 아들이 영웅이면 바위를 들어 올리고 자신이 남긴 징표를 찾아내 아테나이의 왕권을 주장할 수 있을 거라고 말했다.

아테나이로 향하는 테세우스
테세우스는 검과 샌들을 찾아 아테나이로 떠났다. 가는 길에 목숨을 위협하는 여섯 가지 위험과 맞닥뜨렸지만 모두 이겨 냈다.

테세우스의 목숨을 노리다
테세우스의 새어머니는 자신이 낳은 아들이 왕국을 물려받기를 바랐다. 그래서 테세우스를 죽이려고 했지만 그는 첫 번째 위험을 잘 넘겼고, 두 번째에는 아버지 아이게우스 덕분에 독약을 마시지 않을 수 있었다.

용감한 모험
테세우스는 그리스 신화에 많이 나온다. 켄타우로스에게서 히포다메이아 공주를 구한 이야기도 있다.

 크레타의 미노스 왕은 제우스의 아들로, 신들에게 특히 사랑을 많이 받는다고 자랑했어요. 그는 바다의 신 포세이돈에게 신들에게 제물로 바칠 흰 황소를 달라고 부탁했어요. 포세이돈이 아름다운 흰 황소를 그에게 보내 주었지만, 미노스 왕은 소를 제물로 바치기 싫었어요. 그러자 사랑의 여신 아프로디테는 왕비 파시파에가 이 황소를 사랑하도록 만드는 벌을 내렸지요. 파시파에와 황소 사이에 아들 미노타우로스가 태어났어요. 반은 인간이고 반은 황소 모습으로 태어나, 미로 속에 가두어 버렸지요.

 아테나이에서 열린 운동 경기에 참가한 미노스 왕의 아들이 죽자, 크레타와 아테나이 간에 전쟁이 일어났어요. 전쟁에서 진 아테나이는 항복의 대가로 크레타에 매년 젊은 남녀 일곱 명씩을 제물로 바쳐야 했어요. 이들은 미로에 갇힌 미노타우로스의 먹이가 되었지요.

이런 일을 세 번째로 맞이했을 때, 아테나이의 왕 아이게우스의 아들 테세우스는 미노타우로스를 죽일 테니 자신을 보내 달라고 했어요. 왕은 아들을 보내고 싶지 않았지만, 테세우스가 얼마나 강한지 잘 알고 있었어요. 테세우스라면 미노타우로스를 해치울 수 있을 거라 생각했어요.

모험과 싸움

아이게우스 왕은 아들에게 말했어요.
"아들아, 미노타우로스를 해치우고 무사히 돌아온다면 검은 돛을 내리고 흰 돛을 올려 다오."
테세우스는 아버지와 약속하고 크레타로 향했어요.
크레타에 도착한 테세우스는 미노스 왕에게 말했어요.
"제가 미노타우로스를 죽이면 더 이상 아테나이의 젊은이들을 제물로 바치지 않아도 된다고 약속해 주십시오."
미노스 왕이 자신의 말을 무시하자, 테세우스는 바다로 뛰어들어 바다의 여신 암피트리테한테서 황금 반지와 왕관을 받아 왕에게 증거로 주었어요. 한편 미노스 왕의 딸 아리아드네는 테세우스를 보자마자 사랑에 빠졌어요. 아리아드네는 테세우스에게 미로에서 빠져나올 방법을 알려 주며 자신을 아테나이로 데려가 결혼해 달라고 했어요.
테세우스는 아리아드네의 말에 그러겠다고 약속했지요. 아리아드네는 테세우스에게 실 한 타래를 주었어요. 테세우스와 젊은이들은 실타래의 끝을 미로 입구에 묶고 미노타우로스를 찾아 미로 속으로 들어갔어요. 마침내 무시무시한 미노타우로스가 모습을 드러내자, 둘은 맞붙어 싸웠어요. 테세우스가 더 힘이 세서 미노타우로스를 쓰러뜨렸어요.
싸움에서 이긴 테세우스는 피투성이가 되어 비틀거리며 미로를 빠져나왔어요. 그러고는 미노스 왕이 알아차리기 전에 아리아드네 공주를 데리고 크레타를 떠났어요. 그런데 그만 배에 매단 검은 돛을 흰 돛으로 바꾸는 것을 잊어버렸어요. 테세우스를 손꼽아 기다리던 아이게우스 왕은 배에 달린 검은 돛을 보고 아들이 죽었다고 생각했어요. 슬픔을 견디지 못한 왕은 바다에 몸을 던져 죽었답니다.

이야기 속으로

영웅 페르세우스

부모
어머니 다나에는 아르고스의 왕 아크리시오스의 딸이었다. 왕은 다나에가 낳은 아들 손에 죽으리라는 신탁을 받고, 다나에를 방에 가두어 사람들과 만나지 못하게 했다. 그러나 제우스가 다나에를 만나러 와 둘 사이에서 페르세우스가 태어났다.

표류하다
아크리시오스 왕은 두려운 마음에, 다나에와 막 태어난 페르세우스를 궤에 넣어 바다에 띄워 보냈다. 세리포스 섬에 사는 친절한 어부가 그들을 발견하고 집으로 데려갔다.

신탁이 이루어지다
페르세우스는 메두사를 죽인 뒤 아르고스로 돌아갔다. 페르세우스가 돌아온다는 소식을 들은 아크리시오스 왕은 '라리사'라는 도시로 도망쳤다. 페르세우스도 그곳에 들러 운동 경기에 나갔다. 아크리시오스는 외손주 페르세우스가 던진 원반에 우연히 맞고 죽었다.

괴물 메두사

아름다운 아가씨가 변신하다
로마 신화에 따르면, 메두사는 한때 아름다운 아가씨로 남자들에게 구혼을 많이 받았다. 메두사는 아테나 신전의 사제였는데, 바다의 신 포세이돈이 메두사를 만나러 신전에 들렀다. 그러자 아테나는 기분이 상했고 홧김에 메두사를 변신시켰다. 그래서 메두사의 황금빛 머리카락은 뱀이 되었고 얼굴은 끔찍한 모습으로 변했다. 메두사의 얼굴을 보는 이는 누구든지 돌로 변하게 되었다.

▲ 페르세우스는 메두사의 끔찍한 머리를 들어 올려 무시무시한 바다 괴물을 돌로 만들고는 안드로메다를 구했다.

페르세우스와 메두사

세리포스 섬의 사악한 왕 폴리데크테스는 아름다운 다나에와 결혼하고 싶었어요. 하지만 다나에의 아들인 페르세우스가 다나에를 지키고 있었지요. 그러자 폴리데크테스 왕은 페르세우스를 없애려고 꾀를 썼어요. 그에게 불가능한 과제를 맡긴 것이지요.

폴리데크테스 왕은 섬에 사는 모든 사람들에게 세금으로 말 한 마리씩을 내라고 했어요. 가난한 페르세우스는 말 대신 고르곤 가운데 가장 난폭한 메두사의 머리를 가져오겠다고 약속했어요.

고르곤은 온몸이 비늘로 뒤덮이고 머리카락이 뱀들인 무시무시하게 생긴 괴물이었어요. 고르곤은 셋이었는데, 그 가운데 메두사의 얼굴을 쳐다보면 누구든지 돌로 변했지요.

페르세우스는 메두사를 찾아 여행할 준비를 했어요. 올림포스 산에서 내려다보고 있던 제우스는 아테나와 헤르메스를 보내 자신의 아들을 돕게 했어요. 이들은 페르세우스에게 세상에서 가장 빛나는 방패와 강한 칼, 헤르메스의 날개 달린 샌들, 그리고 모습을 감출 수 있는 하데스의 투구를 주었어요.

모험과 싸움

페르세우스는 날개 달린 샌들을 신고 투구를 쓴 뒤 서쪽으로 멀리 날아가 고르곤이 사는 동굴을 찾아냈어요. 고르곤이 잠든 사이, 그는 살며시 고르곤에게 다가갔어요. 그러고는 메두사의 얼굴을 반짝이는 방패에 비춰 보기만 하며, 날카로운 칼로 메두사의 머리를 단번에 베었어요. 잘린 머리를 재빨리 자루에 넣었지요.

페르세우스는 메두사의 자매한테 잡히기 전에, 동굴에서 재빨리 빠져나와 하늘로 훌쩍 날아올랐어요.

그는 집으로 날아가는 길에 바위에 사슬로 묶인 안드로메다 공주를 보았어요. 공주의 부모는 바다의 신인 포세이돈을 화나게 했어요. 그러자 포세이돈은 무시무시한 바다 괴물을 보내 그의 왕국을 쑥대밭으로 만들었어요. 왕은 자신의 딸을 제물로 바쳐야만 이 괴물을 막을 수 있었지요.

거대한 괴물이 파도 속에서 일어나자, 페르세우스는 용감하게 괴물을 해치웠어요. 그는 안드로메다 공주와 결혼한 뒤 세리포스로 돌아가는 여행을 계속했어요.

페르세우스가 없는 사이, 폴리데크테스 왕은 계속 다나에를 괴롭혔어요. 그런데 페르세우스가 나타나자 깜짝 놀랐지요.

"약속한 메두사의 머리는 가져왔나?"

폴리데크테스 왕이 물었어요.

페르세우스는 한마디 말도 없이 메두사의 머리를 들어 올렸어요. 그러자 왕과 신하들은 모두 돌로 변했지요. 페르세우스는 드디어 어머니를 다시 만났어요. 그리고 메두사의 머리를 아테나에게 주었고, 아테나는 자신의 방패에 메두사의 머리를 달았어요.

날개 달린 말, 페가수스

페가수스의 탄생 신화는 다양하다. 죽은 메두사의 몸에서 튀어나왔다고도 하고, 페르세우스가 동굴을 떠날 때 메두사의 머리에서 떨어진 핏방울에서 튀어나왔다고도 한다. 이 밖에 벨레로폰이 아테나한테서 받은 고삐로 페가수스를 길들인 뒤, 페가수스를 타고 끔찍한 괴물 키메라와 맞서 싸웠다는 신화도 있다.

누구일까요?
트로이 전쟁

10년 동안이나 이어진 트로이 전쟁은 고대 역사에서 가장 중요한 전투로 손꼽혀요. 이 전쟁은 그리스 작가 호메로스가 쓴 〈일리아드〉와 로마 시인 베르길리우스가 쓴 〈아이네이스〉라는 두 서사시를 통해 알려졌지요. 두 작품에 영웅들과 비극적인 죽음, 훌륭한 도시 트로이의 몰락이 잘 담겨 있어요.

그리스
그리스 사람들은 포세이돈, 아테나, 헤라, 헤르메스, 헤파이스토스 신의 지지를 받았어요.

아가멤논
미케네의 왕이자 메넬라오스의 형
아가멤논은 그리스 군의 총사령관이었다. 1,000척이 넘는 배에 10만 명이 넘는 함대를 지녔다.

황금 사과
제우스가 연 연회에 불화의 여신 에리스는 초대받지 못했다. 에리스는 연회에 나타나 황금 사과를 선사했다. 그 사과에는 '가장 아름다운 이에게'라고 쓰여 있었는데, 헤라와 아테나와 아프로디테, 이 세 여신은 각자 자기가 사과를 받아야 한다고 생각했다. 제우스는 트로이의 왕자 파리스에게 심판을 맡겼다. 파리스는 자신을 가장 아름다운 여인으로 뽑아 주면, 스파르타의 왕비이자 세상에서 가장 아름다운 헬레네를 아내로 주겠다고 약속한 아프로디테를 선택했다. 이 일로 트로이 전쟁이 일어났다.

메넬라오스
스파르타의 왕이자 헬레네의 남편
메넬라오스는 파리스와 일대일 결투에 응했지만, 아프로디테가 파리스를 구했고 아테나는 전쟁이 이어지도록 했다.

아킬레우스
미르미돈 족의 통치자
아킬레우스는 아가멤논과 말다툼을 하여 많은 갈등이 생기자 전투에서 철수했다. 발뒤꿈치만 빼고 불사의 몸이었는데, 파리스가 쏜 화살이 아폴론 신의 인도로 발뒤꿈치에 꽂혀 죽었다.

오디세우스
이타카 섬의 왕
훌륭한 전사였고 지략이 뛰어나며 기지가 넘쳤다. 트로이의 목마를 생각해 냈다.

큰 아이아스
살라미스의 왕
키가 무척 크고 힘이 세어 트로이 귀족을 많이 죽였다. 헥토르와 두 번 싸웠지만, 몇몇 신이 그를 보호하고 있어 죽이지 못했다. 작은 아이아스는 로크리스의 왕의 아들이다.

파트로클로스
아킬레우스의 친구
아킬레우스가 고집을 피우며 전투에 나가지 않자, 파트로클로스가 아킬레우스의 갑옷을 입고 부대를 이끌다가 헥토르 손에 죽는다.

트로이

트로이 사람들은 아프로디테, 아폴론, 아르테미스, 아레스의 지지를 받았어요.

모험과 싸움

> 트로이의 왕 프리아모스는 헤카베와 결혼하여 자식을 많이 낳았다. 헥토르, 파리스, 카산드라, 헬레노스 들이 있다.

프리아모스 왕
트로이의 왕
아들 50명과 딸 50명을 두었다고 전해진다. 이 가운데 많은 아들딸이 신화에 나온다.

헤카베
트로이의 왕비
파리스를 가졌을 때 아이 대신 횃불을 낳는 태몽을 꾸었다.

헬레네
제우스와 레다의 딸이자 메넬라오스의 아내
파리스와 함께 트로이로 떠났다. 이 일로 배 1,000척을 바다에 띄우게 한 장본인으로 유명하다.

파리스
트로이의 왕자
사랑에 눈이 멀어 헬레네를 트로이로 데려왔다. 독화살을 맞고 죽었다.

헥토르
프리아모스 왕의 장남
트로이 군대의 총사령관이었다. 파트로클로스를 죽이자, 이를 복수하러 온 아킬레우스 손에 죽었다.

아이네이아스
트로이의 영웅이자 아프로디테의 아들
트로이가 몰락한 뒤에 이어지는 아이네이아스의 삶은 로마의 서사시 〈아이네이스〉에서 이어진다.

카산드라
트로이의 공주
미래를 예언할 수 있지만, 아폴론이 내린 저주로 아무도 그 예언을 믿지 않는다.

헬레노스
프리아모스 왕의 아들이자 예언자
트로이 전쟁 막바지에, 그리스 군에게 트로이를 멸망시킬 수 있는 비결을 털어놓았다.

사르페돈과 글라우코스
사촌 사이이며 리키아의 우두머리
사르페돈은 파트로클로스 손에 죽었다. 글라우코스는 그리스 전사 디오메데스를 싸움터에서 만났는데, 그들의 할아버지가 서로 친구였기 때문에 싸우지 않고 갑옷을 교환했다.

트로이의 목마
그리스 군은 전쟁을 끝내기 위해 나무로 커다란 목마를 만든 뒤, 배를 타고 떠난 척했다. 트로이 사람들은 자신들이 이겼고, 목마를 승리의 선물로 여겨 도시에 들여놓았다. 그날 밤, 그리스 군은 목마 속에서 몰래 빠져나와 나머지 그리스 군이 들어오도록 성문을 열고는 트로이를 무너뜨렸다.

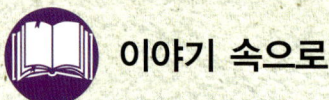
이야기 속으로

▲ 이아손은 슬기로운 켄타우로스(반인반마)인 케이론 손에서 자랐다.

알아 두기
어린 시절
이올코스는 '아이손'이라는 훌륭한 왕이 다스리고 있었는데, 권력에 굶주린 배다른 형제 펠리아스에게 왕위를 빼앗겼다. 그러나 아이손에게는 정통 왕위 계승자인 아들 이아손이 있었다. 이아손의 어머니는 아들이 큰 위험에 빠질 것을 알고, 그를 켄타우로스에게 보내 케이론의 손에 자라도록 했다.

신발을 잃다
이아손은 어른이 되자 왕권을 요구하러 이올코스로 출발했다. 강을 건너려고 할 때 강둑에서 겁에 질려 있는 할머니를 보았다. 이아손은 할머니를 등에 업고 강을 건너기 시작했다. 강을 건너다 물살이 세어 신발 한 짝을 잃어버렸지만 무사히 강을 건넜다.

이아손은 할머니를 내려놓고는, 깜짝 놀라서 빤히 쳐다보았다. 할머니는 바로 헤라 여신이었다. 헤라는 이아손을 시험해 본 것이었다. 헤라는 이아손이 친절을 베푼 것에 대한 답례로 그가 필요할 때 도움을 주기로 약속했다.

이아손과 황금 양털

오래전, 이올코스 왕국에는 '펠리아스'라는 잔인한 왕이 살았어요. 그는 형제를 밀어내고 왕위를 차지했어요. 펠리아스 왕은 백성들을 가혹하게 대하면서도 자신은 공포 속에 살았어요. 외짝 신을 신은 사내에게 왕위를 빼앗길 거라는 예언이 있었기 때문이지요.

어느 날, 펠리아스 왕의 조카가 궁전으로 찾아와 왕위를 주장했어요. 왕은 신발을 한쪽만 신고 있는 '이아손'이라는 젊은이를 보고 공포에 떨었지요. 펠리아스 왕은 왕권을 내주지 않을 속셈이었어요. 그래서 이아손이 왕이 될 자격을 갖췄는지 증명하도록 과제를 냈어요.

"콜키스 왕국에는 황금 양털이 있지. 아이에테스 왕이 원래 주인한테서 훔친 거야. 그 황금 양털을 내게 가져오라."

물론 거짓말이었어요. 황금 양털의 주인은 원래 아이에테스 왕이었지요.

이아손은 함께 갈 용감한 전사를 찾았고 타고 갈 배를 멋지게 만들어서 '아르고 호'라고 이름 지었어요. 이아손은 전사들과 함께 오래도록 위험한 여행을 했어요.

콜키스로 가는 길에 이들은 날개 달린 끔찍한 괴물인 하르피아이한테서 '피네우스'라는 눈먼 예언자를 구해 주었어요. 피네우스는 감사의 뜻으로, 콜키스로 가는 길목에 있는 심플레가데스를 무사히 지나가는 비결을 알려 주었어요. 심플레가데스는 바다에 떠 있는 두 바위섬으로, 서로 쾅 부딪치면서 그 사이를 지나는 배를 산산조각 냈지요.

"심플레가데스에 다가가면 비둘기 한 마리를 날려 보내시오."

이아손은 피네우스의 말을 따랐어요. 비둘기가 심플레가데스 사이로 날아가자, 두 바위섬은 서로 쾅 부딪쳤어요. 두 바위섬이 다시 떨어지기 시작한 틈을 타서 아르고 호는 그곳을 무사히 빠져나갔어요.

마침내 아르고 호는 콜키스에 다다랐어요. 이아손은 아이에

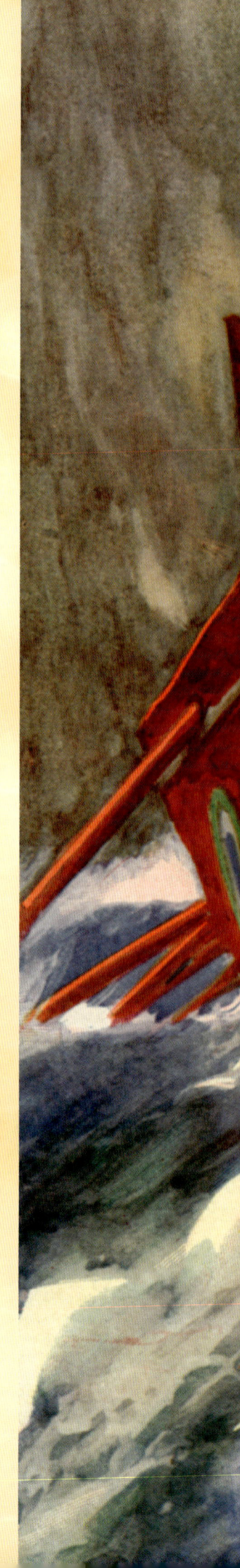

모험과 싸움

테스 왕에게 황금 양털을 달라고 했지요.

왕은 이아손이 과제를 해결해 힘과 용기를 증명해 보인다면 황금 양털을 넘겨주겠다고 했어요. 과제란, 불을 내뿜는 황소 두 마리에 마구를 씌워 밭을 갈고, 그 밭에 용의 이빨을 씨로 뿌리는 일이었어요. 그러면 씨앗에서 무시무시한 전사가 싹튼다고 했지요.

한편 아이에테스 왕의 딸인 메데이아 공주는 이아손을 보고 사랑에 빠졌어요. 마법사인 메데이아는 이아손에게 자신과 결혼하기로 약속하면 과제를 도와주겠다고 했지요. 이아손은 그러겠다고 했어요. 두 사람은 함께 황소를 길들이고 용을 무찔렀어요. 그러나 아이에테스 왕은 약속을 어기고 황금 양털을 내주지 않았어요. 황금 양털은 무서운 용이 지키고 있었어요. 이아손은 메데이아가 일러 준 대로, 음악을 연주해 용을 잠들게 한 뒤, 황금 양털을 훔쳤지요.

이아손과 메데이아는 배를 타고 많은 모험을 겪은 뒤 이올코스에 무사히 도착했어요. 이아손은 왕위를 되찾았고 둘은 몇 년 동안 나라를 다스렸어요.

하늘을 나는 황금 양

오래전, 시칠리아의 왕 아타마스는 아내 네펠레를 버리고 젊은 여인을 새 아내로 맞았어요. 네펠레는 아들 프릭소스와 딸 헬레에게 해가 갈까 두려워, 제우스에게 도와 달라고 기도했지요. 그러자 제우스는 하늘을 나는 황금 양을 보내, 아들딸을 안전하게 등에 태워 가게 했어요. 아이들은 겁에 질려 양을 단단히 붙잡았어요. 양이 유럽과 아시아 사이에 있는 강을 가로질러 동쪽으로 날아갈 때였어요. 안타깝게도 헬레는 양을 잡은 손을 놓치는 바람에 바다에 빠지고 말았어요. (수천 년이 지난 뒤 이 강은 헬레의 이름을 따서 '헬레스폰트'라고 불렸다. 이곳은 오늘날 다르다넬스 해협이나.) 양은 프릭소스를 등에 태운 채 계속 날아가 콜키스에 내려 주었어요.

등장인물 들여다보기

인물 탐구
오이디푸스

가족 관계
오이디푸스의 아버지는 라이오스, 어머니는 이오카스테로, 테베 도시의 왕과 왕비였다. 이들은 델포이 신전에서 끔찍한 예언을 듣고, 아들을 산비탈에서 죽도록 버려두었다.

▲ 오이디푸스는 목동들에게 발견되어, 코린토스의 왕과 왕비인 폴리보스와 메로페 손에 자랐다.

이름 속에 이런 뜻이?
오이디푸스라는 이름은 '퉁퉁 부은 발'이라는 뜻이다. 두 발이 꽁꽁 묶인 채 버려졌기 때문이다.

여행길에서
오이디푸스는 자신에 대한 예언을 들은 뒤, 예언이 이뤄지지 않도록 집을 떠났다. 자신을 길러 준 부모가 친부모인 줄 알았기 때문이다. 오이디푸스는 여행을 하던 중, 낯선 노인과 말다툼을 하다가 그를 죽이게 되었는데, 그 노인이 바로 아버지 라이오스였다. 오이디푸스는 자신도 모르게 첫 번째 예언을 그대로 실행한 셈이었다.

영웅으로 환영받다
오이디푸스가 스핑크스를 물리친 뒤, 테베 사람들은 그를 새 왕으로 받아들였다. 오이디푸스는 홀로 남은 왕비와 결혼하여, 또다시 자신도 모르는 사이에 두 번째 예언을 실행했다. 왕비가 바로 자신의 어머니인 이오카스테였기 때문이다.

비극적인 영웅 오이디푸스

오이디푸스는 고대 그리스의 영웅 가운데 비극적인 인물로 손꼽혀요. 그의 부모는 아들이 아버지를 죽이고 어머니와 결혼한다는 델포이 신전의 예언이 이뤄지지 않도록 오이디푸스를 버렸어요. 오이디푸스는 한평생 옳은 일을 하며 살려고 애썼지만, 결국 자신의 운명을 바꿀 수 없었어요.

신탁을 구하다

고대 그리스 델포이에는 아폴론 신전이 있었어요. 사제는 증기가 솟아오르면서 무아지경 속에서 환영을 보았다고 해요. 수세기 동안 사람들은 사제한테서 자신의 미래를 듣고 싶어 했어요.

진실은 밝혀진다

오이디푸스가 테베의 왕이 되었을 때, 온 도시에 전염병이 퍼졌어요. 델포이의 사제는 도시를 구하려면 라이오스 왕을 죽인 자를 쫓아내야 한다고 했어요. 오이디푸스는 눈먼 예언자 티레시아스를 만나 살인범이 바로 자신이라는 사실을 알고 너무 괴로워 자신의 두 눈을 뽑았지요. 그는 도시에서 쫓겨났고, 지하 세계의 입구인 콜로누스에서 죽음을 맞이했어요.

▲ 아버지와 함께 쫓겨나는 오이디푸스의 딸 안티고네

모험과 싸움

스핑크스는 자신이 낸 수수께끼에 대답하지 못하는 사람은 모조리 잡아먹어, 테베 도시를 공포로 몰아넣었다.

수수께끼

질문: 다리가 아침에는 네 개, 낮에는 두 개, 밤에는 세 개인 것은 무엇이냐?

스핑크스는 사자 몸통에 날개가 달렸고, 여자의 머리를 한 모습이었다.

답: 사람이다.
(아기일 때는 두 손 두 발로 기고, 자라서는 두 발로 걷고, 늙으면 세 번째 다리가 되어 주는 지팡이를 짚기 때문이다.)

오이디푸스만이 스핑크스가 낸 수수께끼를 알아맞혔다.

테베 사람들은 환호하며 오이디푸스를 영웅으로 맞이했다.

🌐 세계 둘러보기

용

대륙마다 무시무시하고 비늘로 뒤덮인 뱀 같은 괴물 이야기를 간직하고 있어요. 이 괴물은 수많은 영웅의 용감함을 재어 보는 시험대가 되지요. 서양에 나오는 사악하고, 불을 내뿜고, 하늘을 날아다니는 용은 보물을 지키는 경우가 많아요. 반대로 뱀처럼 생긴 아시아의 용들은 대부분 올곧고, 공정하고, 행운을 가져와요.

▲ **문장에 그려진 용, 유럽**
용은 힘과 권위를 상징하기 위해 유럽 곳곳의 문장에 많이 쓰였다.

◀ **류, 일본**
발톱이 세 개 달린 일본 용은 바닷속에 살며 비와 폭풍우를 다스린다. 용감하게 소원을 구하는 사람들에게는 그 바람을 이뤄 준다. 그래서 많은 불교 사원이 용 그림으로 꾸며져 있고, '용'에 해당하는 일본 문자가 사원 이름에 많이 나온다.

▲ **뷔브르, 프랑스**
'기브르'나 '와이번'이라고도 불리는 이 용은 꼬리로 균형을 잡으며 발톱 달린 두 발로 싸운다.

모험과 싸움

◀ 쿠빌라우르, 페르시아
(오늘날 이란)

그림에서 용감한 알리가 뱀 같은 용인 쿠빌라우르를 칼로 찔러 죽인다. 중동에서는 용을 무서워했다. 고대에는 용이 달을 덥석 물어 월식이 생긴다고 여겼다. 사람들은 용이 달을 놓아주도록 깡통이나 종으로 시끄러운 소리를 냈다.

▼ 히우코아틀, 아즈텍 부족

신화에 따르면, 땅의 여신 코아틀리쿠에가 '우이칠로포츠틀리'라는 전사를 낳았다. 형제들이 그를 죽이려 했지만, 우이칠로포츠틀리가 히우코아틀(청록색 뱀이라는 뜻)이 내뿜는 불로 형제들을 죽였다.

용에 대해 더 알고 싶으면 62쪽을 보세요.

▼ 바실리스크, 유럽

한 번만 쳐다봐도 죽음에 이르는 것으로 알려졌다. 바실리스크는 닭의 알로 태어나 두꺼비의 똥 속에서 부화했다. 중세 신화에서는 주로 악마를 상징할 때 쓰였다.

▲ 파프니르, 북유럽/독일

북유럽 신화에서 용은 탐욕을 상징한다. 파프니르는 원래 드워프인 흐레이드마르 왕의 아들로, 그 또한 드워프였다. 아버지의 보물에 욕심을 내어 훔치려고 하자 용으로 변했다. 결국 시구르드 손에 죽었다.

119

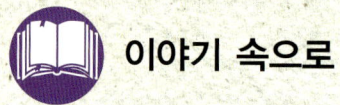

베오울프와 괴물 그렌들

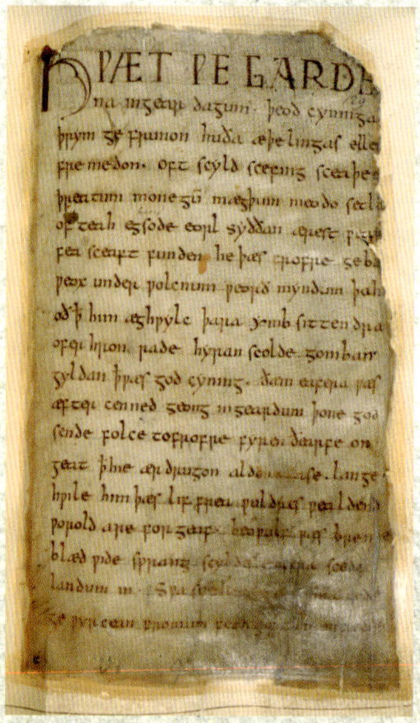

앵글로색슨 족의 서사시 가운데 가장 길고 훌륭한 작품으로 꼽히는 〈베오울프〉는 6세기 덴마크가 배경이에요. 흐로드가드는 강하고 사랑받은 왕으로, 신하와 전사들을 위해 '헤오로트'라는 미드홀을 지었어요. 〈베오울프〉에서는 흐로드가드 왕의 통치 기간을 다룬 이야기가 주요 부분을 차지해요.

▲ 8세기에서 11세기 초에 고대 영어로 쓰인 서사시 원본. 작자 미상.

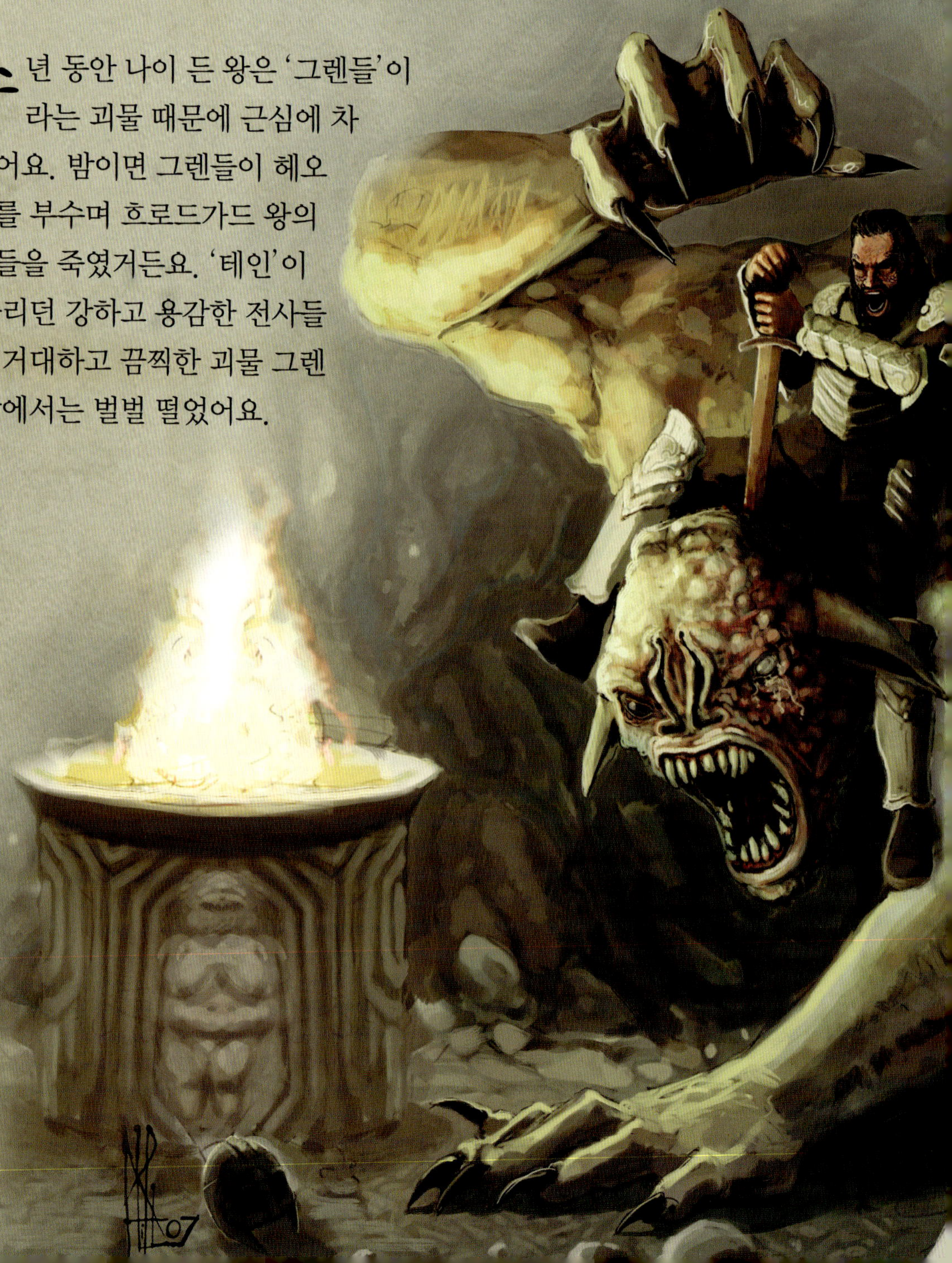

서사시 〈베오울프〉

원본
원본은 아주, 아주 길다. 길이가 3,182줄에 이른다. 본격적인 이야기가 펼쳐지기 전에, 고대 신화까지 거슬러 올라가 덴마크 왕가 역사를 자세히 기록했다.

계속되는 이야기
베오울프가 그렌들 어미를 죽인 뒤, 흐로드가드 왕에게 돌아간 과정과 기트랜드로 돌아가기 전에 벌어진 마지막 축하연이 묘사되어 있다.

기트랜드의 왕
베오울프는 기트랜드의 왕이 되었다. 슬기롭고 평화롭게 나라를 다스리며 50년을 보낸 뒤, 포악한 용과 마지막 싸움을 벌인다. 보물을 빼앗겨 거칠고 사나워진 용이었다.

영웅의 죽음
베오울프는 용을 죽였지만 자신도 그 싸움에서 큰 상처를 입고 죽어 갔다. 그는 마지막 힘을 그러모아 거창하게 화장시켜 달라고 부탁했다. 그를 태우고 남은 재는 용의 보물과 함께 바다 위 높은 절벽에 묻혔다.

수년 동안 나이 든 왕은 '그렌들'이라는 괴물 때문에 근심에 차 있었어요. 밤이면 그렌들이 헤오로트를 부수며 흐로드가드 왕의 전사들을 죽였거든요. '테인'이라 불리던 강하고 용감한 전사들조차 거대하고 끔찍한 괴물 그렌들 앞에서는 벌벌 떨었어요.

모험과 싸움

호로드가드 왕은 젊은 시절에 한 전사를 도와 기트랜드 근처에서 일던 불화를 잠재운 적이 있었어요. 호로드가드 왕이 근심에 젖어 있다는 소식은 그 전사의 아들 베오울프의 귀에도 들어갔어요. 베오울프는 왕을 돕고 자신의 용맹을 떨치기 위해 뛰어난 기트 족 전사들과 함께 헤오로트로 출발했어요.

그가 도착하자 호로드가드 왕은 큰 연회를 열었어요. 연회가 끝날 무렵, 모두 잠을 자러 갔지만 베오울프와 그의 전사들은 연회장에 남아 감시했어요. 곧이어 괴물이 불쑥 나타나, 기트 족 전사 한 명을 죽였어요.

베오울프는 격렬한 싸움 끝에 그렌들의 팔 한쪽을 어깨부터 쭉 떼어 냈어요. 괴물은 끔찍한 아픔을 느끼며 연못 바닥에 있는 자신의 동굴로 도망가서는 그곳에서 죽었어요. 베오울프는 모두가 볼 수 있도록 피범벅이 된 괴물의 팔 한쪽을 들어 올리며 승리를 알렸어요.

다음 날, 호로드가드 왕은 승리를 기뻐하는 뜻으로 또다시 성대한 연회를 열었어요. 그날 밤, 테인 전사와 기트 족 전사 모두 평화롭게 쉬며 앉아 있었어요.

잠시 뒤, 어둠 속에서 그렌들의 어미가 복수하러 헤오로트에 몰래 들어왔어요. 어미는 아들의 팔 한쪽을 되찾은 뒤, 잠자는 테인 전사 한 명을 죽이고 동굴로 도망쳤어요. 잠에서 깨어난 베오울프는 그렌들 어미의 뒤를 밟아 연못으로 뛰어들었어요. 연못 바닥에 다다르기도 전, 그렌들의 어미가 죽일 듯이 공격해 와서는 베오울프를 어둡고 눅눅한 동굴로 끌고 갔지요. 어미는 칼로 베오울프를 공격하며 험악하게 싸웠지만 결국 베오울프 손에 잡혀 죽고 말았어요.

베오울프는 동굴을 떠나기 전에 그렌들 어미의 머리를 잘라 가지고 헤오로트로 돌아갔어요.

용을 물리친 베오울프
어느 날, 한 도둑이 맹렬한 용의 땅속 보물을 훔쳤다. 화가 잔뜩 난 용은 입에서 불을 내뿜어 들판과 집을 불태우며 시골을 공포로 몰아넣었다. 당시 왕이었던 베오울프는 뛰어난 전사 몇 명과 함께 용을 죽이러 떠났다.
베오울프는 용을 발견하고는 검을 꺼내 공격했지만 용은 너무도 강했다. 위글라프만 베오울프 곁을 지키고 다른 전사는 모두 달아났다. 피 튀기는 싸움이 끝난 뒤 용은 죽었지만 왕 또한 죽어 갔다. 위글라프는 용맹함을 인정받아 새 왕이 되었다.

나만의 방패 만들기
두꺼운 판지로 커다란 방패 모양을 잘라요. 판지로 손잡이도 두 개 만들어, 끝 부분을 방패 뒤에 테이프로 붙여요. 방패 앞부분을 멋지게 장식해 보세요.

방패를 짙은 파란색이나 검은색으로 칠해요. 그런 다음, 폭이 넓은 금색 테이프로 황금 십자가 모양이 되게 붙여요.

누구일까요?

원탁의 기사

아서 왕 이야기는 12세기 중반부터 알려지기 시작했어요. 영국 전사들의 우두머리 아서 왕은 5세기 후반에서 6세기 초반에 나라를 다스렸어요. 아서 왕과 기사들의 이야기는 아름답고 낭만적인 전설이 되었어요.

아서 왕
우서 펜드래건의 아들
아서 왕은 '엑스칼리버'라는 칼을 손에 쥐고 수많은 전투에서 적을 물리쳤다. 그러나 캄란에서 죽음을 맞이했다.

카멜롯
작은 탑이 있는 소설 속 카멜롯 성은 아서 왕이 다스리는 왕국의 수도가 되었다. 그곳에서 아서 왕은 아름다운 기네비어 왕비와 함께 나라를 다스렸다. 아서 왕과 기사도 정신이 투철한 그의 기사들은 '멀린'이라는 슬기로운 마법사의 도움을 받으며, 초자연적 힘을 지닌 적을 이겨 냈다. 적들 가운데 배다른 누이이자 사악한 마법사 모건 르 페이가 있다.

▲ 마법사 멀린이 스승 블레이즈에게 자신의 이야기를 들려주고 있다.
〈멀린의 전기〉에서, 1280~1290년.

성배를 찾아서
아서 왕 전설에서, 기사들은 자신들의 용맹과 정직함을 시험하기 위해 많은 모험을 했다. 그 가운데 하나는 성배를 찾아 떠나는 모험이었다. 성배는 예수 그리스도가 마지막 만찬에서 쓴 잔으로, 마법의 힘이 깃들어 있어 어떤 병이든 고칠 수 있다고 전해졌다. 많은 기사들이 성배의 행방을 찾아 나섰고 실패를 거듭했다. 단 세 명만이 성배를 찾았지만, 하늘로 올라가기 전에 성배를 직접 볼 만큼 순수한 사람은 갤러해드 경뿐이었다.

▲ 성배가 있는 예배당에 보스 경과 퍼시벌 경은 들어가지 못하고 갤러해드 경만이 성배를 보고 있다. 에드워드 번 존스의 태피스트리.

모험과 싸움

원탁

아서 왕은 기사들이 평화롭게 지내도록 위아래 구분 없이 평등함을 나타내는 둥근 탁자를 만들었어요. 중세 이야기에는 원탁에 50석 이상이 마련되었고, 기사들이 명예와 충성을 엄격히 여길 것을 맹세했다는 내용이 담겨 있어요.

13세기 후반에는 25석이 마련된 원탁이 만들어졌다. 오늘날 영국 윈체스터에 있는 그레이트홀 벽에 걸려 있다.

갤러해드 경
랜슬롯의 아들
훌륭하고 잘생긴 기사로 성배를 찾는 데 성공했다.

랜슬롯 듀 락
가장 유명하고 솜씨가 좋은 기사. 기네비어 왕비와 사랑에 빠져 카멜롯에 종말을 가져왔다.

모드레드 경
아서 왕의 조카
뒤에 아서 왕의 사생아로 알려졌다. 모드레드 경은 아서 왕을 배신하고 캄란 전투에서 왕과 맞서 싸우다 둘 다 죽었다.

보스 드 가니스 경
랜슬롯의 사촌
성배를 찾아 나선 기사들 가운데 홀로 살아남았다.

거웨인 경
아서 왕의 조카
충성스럽고 용감한 기사로, 목 자르기 결투를 하자는 녹색 기사의 도전을 받아들였다.

베디비어 경
아서 왕이 몽생미셸에 사는 거인과 싸울 때 함께 싸운 동료들 가운데 한 명이다. 아서 왕이 죽자 엑스칼리버를 호수의 여인에게 돌려주었다.

트리스트램 드 라이어네스 경
이 고결한 기사는 콘월 왕과 결혼을 앞둔 이졸데를 아일랜드에서 왕에게 안내하는 중에 사랑의 묘약을 마시고 이졸데와 사랑에 빠진 것으로 유명하다.

케이 경
아서 왕을 키워 준 부모의 아들
가장 믿음직한 기사 가운데 한 명으로, 왕가 일을 도맡았다.

세계 둘러보기
신비로운 약 엘릭시르

젊음을 유지하는 비결을 찾으려는 욕망 때문에 수많은 신화 속 영웅들이 모험을 떠났어요. 오랜 세월 동안 사람들은 영원한 삶과 완전한 지혜를 줄 전설의 묘약인 엘릭시르를 찾아 헤맸어요.

◀ 비미니, 카리브해
풍요롭고 부유한 신화 속 섬이다. 온두라스 만 어딘가에 마법처럼 불쑥 솟아났으리라 여겨진다. 16세기에 이 섬에 사는 사람이 후안 폰세 데 레온 같은 유럽에서 온 탐험가에게 다시 젊어지게 하는 물에 대해 얘기해 주었다.

▲ 에메랄드 타블렛, 고대 이집트/그리스
고대 그리스 신 헤르메스와 고대 이집트 신 토트는 기록과 마법의 신이었다. 두 신은 기원전 4세기 후반에 하나의 신으로 결합하여 '헤르메스 트리메기스토스'라는 이름을 얻었다. 전설에 따르면 바로 이 신이 '에메랄드 타블렛'이라고 알려진 엘릭시르를 만드는 방법을 기록했다고 전해진다.

▶ 철학자의 돌, 중세 인도
이 전설상의 물질은 납 같은 금속을 금이나 불로장생의 약으로 바꿀 수 있다고 알려졌다. 아시아와 아라비아, 유럽을 가로질러, 고대 철학의 뒤를 잇는 많은 연금술사들이 화학 물질을 섞고 열을 가해 이 혼합물을 얻어 내려는 작업에 빠져 있었다.

모험과 싸움

◀ 암리타, 고대 인도
버럭 화를 잘 내는 현자 두르바사는 시바 신의 화신이었는데, 힌두 신들에게 화가 났다. 두르바사는 힌두 신들이 불멸성을 잃도록 저주를 걸었다. 이와 같이 신들은 불멸을 유지하기 위해 우유 같은 액체인 암리타를 마셔야 했다. 암리타는 신들의 적 아수라들이 바다를 휘저어 얻었다.

▼ 황금 사과, 고대 그리스
고대 그리스 신화에 나오는 헤스페리데스의 정원에는 먹으면 불멸을 얻는 황금 사과나무가 있었다. 머리 백 개 달린 뱀이 잠도 자지 않고 이 나무를 지켰다. 그리스 신들이 이 사과를 먹은 건 아니지만, 이들도 '암브로시아'라는 음료를 마셔 불멸을 유지했다.

토끼에 대해 더 알고 싶으면 102쪽을 보세요.

◀ 옥토끼, 중국
중국 달의 여신인 항아는 외로워서 엘릭시르를 만드는 옥토끼와 달에 와서 함께 살았다. 둘 다 늙지 않았다. 가을에는 달 표면에 토끼가 약초를 빻는 모습과 절구통이 비친다.

등장인물 들여다보기

인물 탐구
메소포타미아의 통치자 길가메시

가족 관계
아버지는 목자 왕 루갈반다이고 어머니는 닌순 여신이었다.

초인적인 사람
신화에 따르면 길가메시가 일부는 남자, 일부는 신이었고, 슈퍼맨처럼 힘이 셌다고 한다.

▲ 길가메시가 두 명의 황소 남자 옆에서 태양을 들어 올리는 모습을 새긴 고대 돌판

우르크 왕
길가메시가 메소포타미아(오늘날 이라크)에 있던 우르크의 다섯 번째 왕이었다고도 전해진다. 기원전 26세기에 다스렸다고 한다.

유명한 건축가
길가메시는 우르크 사람들을 보호하기 위해서 도시에 벽을 지은 것으로 유명했다.

열두 개의 점토 판 이야기
서사시에서 길가메시는 신이라기보다 인간으로 그려졌다. 또한 어찌나 포악한 군주였던지, 우르크 사람들은 신들에게 도와 달라고 호소했다. 그러자 신들은 길가메시가 기분 전환을 하도록 야생 인간 엔키두를 만들었다. 둘은 함께 많은 모험을 했다. 둘은 괴물 훔바바와 거대한 하늘의 황소를 죽였다. 그 뒤 엔키두는 황소를 죽이는 데 거들었다는 이유로 죽음을 맞이하리라는 꿈을 꿨다.

길가메시는 불멸을 얻으려던 모험에서 아무 성과 없이 우르크로 돌아왔다. 마지막 점토 판에는 엔키두가 저승에서 길가메시를 만나러 온 이야기가 실려 있다.

폭군 길가메시

전사 왕 길가메시 이야기는 인류가 기록한 최초의 이야기 가운데 하나로 여겨져요. 아시리아 궁전 폐허에서 고대 점토 판이 부서져 뒤죽박죽 섞인 채 발견되었어요. 이 점토 판에 폭군과 진정한 우정, 불멸을 찾아가는 이야기가 담긴 4,000년 된 서사시가 쓰여 있었지요.

영원한 생명을 찾아서

엔키두가 죽자 길가메시는 자신도 죽을 것 같아 불멸을 얻을 수 있는 비결을 찾아 나섰어요. 대홍수에서 살아남은 우트나피시팀은 영원한 삶을 얻기란 불가능한 일임을 증명하기 위해 길가메시에게 일주일 동안 잠을 자지 말라고 했는데, 길가메시는 이를 해내지 못했어요. 우트나피시팀의 아내는 남편에게 다시 젊어지게 하는 식물을 길가메시에게 알려 주도록 했어요. 길가메시는 그 식물을 바닷속에서 발견했지만 뱀이 덥석 먹고는 허물을 벗게 되었지요.

모험과 싸움

엔키두

엔키두는 동물 손에서 자란 야생인이었어요. 한 여자가 그를 발견하여 우르크 도시로 안내했지요. 길가메시는 엔키두가 엄청나게 힘이 세다는 이야기를 듣고 싸움을 청했어요. 싸움을 한 뒤에 둘은 떼려야 뗄 수 없는 친구가 되었답니다.

▲ 엔키두는 길들여지지 않은 자연 세계를 나타내는 반면, 길가메시는 문명 세계를 나타낸다.

절친한 사이

길가메시와 엔키두는 함께 많은 모험을 했어요. 한번은 길가메시가 이슈타르 여신을 사랑하지 않는다고 했어요. 이슈타르는 길가메시를 죽이려고 하늘의 황소를 보냈지만 길가메시와 엔키두는 손쉽게 황소를 죽여 버렸지요.

▲ 엔키두는 황소를 죽이는 데 협력한 일로 신들에게 벌을 받았다.

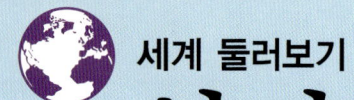
세계 둘러보기
잃어버린 왕국

목가적인 왕국과 번성했던 문명은 바다에서 밀려온 파도 속에 사라지거나 멸망하고, 세계 곳곳의 많은 신화와 전설 속에 나타나는 산속에 모습을 감추어 버렸어요. 오늘날 사람들은 그런 왕국과 문명이 실제 있었다는 증거와 정확한 위치를 계속 찾고 있어요. 하지만 순수한 마음을 지닌 사람만이 찾을 수 있을 거예요.

◀ 이스, 프랑스
브르타뉴 전설에는 해수면보다 낮은 곳에 도시가 있었다고 한다. 이 도시에는 방어막으로 지은 댐이 있고, 문 열쇠들은 왕이 지녔다. 그러나 공주는 연인이 도시로 들어오도록 열쇠들을 훔쳤다. 댐이 열리자 도시는 물에 잠겨 왕과 성인 한 사람만 빼고 모두 죽었다.

▼ 아틀란티스, 고대 그리스
고대 그리스 철학자 플라톤에 따르면, 아틀란티스 섬은 완벽한 문명이 깃든 곳이었다. 바다의 신 포세이돈이 아내 클레이토를 위해 만든 섬이었다. 이들이 낳은 아들은 모두 슬기롭고 평화롭게 다스리는 왕이 되었지만 후세에 갈수록 통치자들은 탐욕스럽고 싸움을 좋아했다. 포세이돈은 바다를 거세게 움직여 쓰나미 속에 아틀란티스를 가라앉혀 버렸다.

모험과 싸움

▲ 뮤, 태평양
태평양 바닷속에 거대한 대륙이 가라앉아 사라져 버린 문명이 있다고 한다. 이 대륙도 한때 아틀란티스처럼 뛰어난 문명을 이루었지만 순식간에 사라져 버렸다. 인도양이나 태평양 어딘가에 '사라진 문명'이 또 있는데, 이는 바로 레뮤리아이다.

▲ 키테슈, 러시아 키테슈는 12세기에 러시아의 스벨틀로야르 호숫가에 지어진 도시였다. 몽골 족이 이 무방비 상태인 도시를 공격하자 사람들은 그저 기도만 올렸다. 그러자 땅에서 물이 분수처럼 솟구쳐 올라 도시는 호수 속으로 가라앉았다. 전설에 따르면, 마음과 영혼이 깨끗한 사람에게만 이 도시가 보이고 물속에서 노랫소리가 들려온다고 한다.

▲ 샴발라(샹그릴라), 티베트
히말라야 쿤룬 산 어딘가에 감춰져 있는 지상 낙원이다. 티베트 전설에 나오는 이 왕국은 꽃잎이 여덟 개 달린 연꽃 같은 모습으로, 아주 고결한 사람만이 사는 곳이라고 한다.

▲ 하와이키, 폴리네시아 뉴질랜드의 마오리 족은 태평양에 있다는 전설상의 하와이키 섬에서 선조들이 카누를 타고 왔다고 여긴다. 마오리 족은 죽은 영혼이 이곳으로 돌아간다고 믿는다. 정확한 위치는 아무도 모른다.

▶ 일곱 개의 황금 도시, 남북 아메리카
퀴비라와 시볼라는 전설상의 일곱 도시 가운데 두 도시 이름이다. 무어 인의 침략으로 스페인 남부에서 도망친 주교 일곱 명이 발견했다고 전해진다. 스페인 탐험가들은 아메리카 중부와 남부로 건너와 여행할 때, 일곱 도시에 황금이 많고 온갖 재물이 쌓였다는 이야기를 들었다. 그들은 예전 자기네 나라에서 건너온 일곱 명의 주교가 발견한 도시라고 생각했다.

이야기 속으로

▲ 무이스카 족이 만든 순금 조각상. 구아타비타 호수에서 벌이던 고대 의식을 묘사한 모습이다.

영원한 탐색

탐험
수세기 동안 사람들은 엘도라도를 찾아 에콰도르, 페루, 멕시코, 베네수엘라뿐만 아니라 아마존 강과 오리노코 강을 쭉 따라서, 온 남아메리카를 구석구석 찾아 헤맸다. '프란시스코 바스케스 데 코로나도'라는 탐험가는 이 전설적인 도시를 찾아 미국 캔자스까지 탐험했다.

구아타비타 호수
'엘도라도'라는 신화가 구아타비타 호수에서 비롯되었다는 점에는 전문가 대부분이 동의한다. 그리고 수많은 모험가들이 그 사실을 증명하려고 애썼다. 16세기 말, 스페인 사람들이 구아타비타 호숫가에서 금을 조금 줍고 40년이 흐른 뒤, 어느 스페인 상인이 호수 가장자리에 도랑을 파고 물을 빼냈다. 물이 빠지기는 했지만 파낸 부분이 무너져 내려 수백 명에 이르는 일꾼들이 죽었다.

애를 태우는 보물
1911년, 한 영국 황금 회사가 거대한 설비를 갖추고 물을 빼내려 했지만, 진흙 바닥만 더욱 단단해졌다. 황금 유물을 조금 발견했지만 호수 물은 재빨리 다시 찼다. 회사는 그동안 들인 비용을 메우기 위해 모든 것을 경매로 팔아야 했다.

참 감질나게도, 1968년에 호숫가 동굴에서 일꾼들이 엘도라도의 순금 축소 모형을 발견했다. 추장 엘도라도가 수행원들과 뗏목에 타서 호수에 있는 신들에게 보물을 바치는 모습을 담은 모형이었다(맨 위 사진 참조). 이 놀라운 보물은 콜롬비아 보고타에 있는 황금 박물관에 있다.

황금의 도시 (엘도라도)

달의 산맥을 넘어
골짜기 그늘 아래로
달려라, 용감히 달려라……
엘도라도를 찾고 싶다면.

1849년, 미국 작가 에드거 앨런 포는 남아메리카에서 오래 전에 사라진 신화 속 황금 도시인 엘도라도의 위치를 넌지시 말한 적이 있어요. 하지만 원래 '엘도라도'는 장소가 아니라 사람을 일컫는 말이에요.

이야기는 콜롬비아의 안데스 산맥 북쪽에 살던 무이스카 족에서 시작됐어요. 무이스카 부족에서 새로 뽑힌 추장은 구아타비타 호수로 가서 신들에게 공물을 바쳤어요. 새 추장은 호숫가에서 옷을 모두 벗고 온몸에 금가루를 묻혔어요. 추장이 나무 뗏목에 앉으면, 수행원들이 금과 귀중한 보석을 가지고 추장을 둘러싸고 앉았어요. 뗏목이 호수 한가운데에 다다르면 수행원들은 보물을 가장자리에서 호수로 던졌어요. 그리고 추장은 호수에 몸을 담그고 금가루를 깨끗이 씻어 냈어요.

16세기에 남아메리카에 와서 그 이야기를 들은 스페인 사람들은 추장을 '금가루로 뒤덮인 사람'이라는 뜻인 '엘도라도'라고 부르기 시작했어요.

고대의 풍부한 자원
무이스카 부족은 엘도라도라는 도시를 세우지 않았을 것이다. 그러나 이 지역의 다른 부족처럼 황금을 비롯해서 에메랄드, 구리, 석탄, 소금과 같은 천연자원을 풍부히 갖추고 있었다. 금이 무척 많은 데다, 무이스카 부족 사람들은 금세공 솜씨가 뛰어났기 때문에 수많은 수공예품에 금을 활용했다. 또한 아름다운 옷감과 독특하고 색감이 선명한 도자기도 만들었다.

모험과 싸움

이들은 엘도라도 이야기를 듣고 가까운 어딘가에 부유한 도시가 있을 거라고 믿었어요. 그 전설에는 사실적인 부분도 많아서 구아타비타 호수도 발견되었지요. 스페인 탐험가들은 호수에서 물을 빼내려고 애썼어요. 물을 완전히 빼지는 못했지만 물 높이가 꽤 낮아져서 호숫가를 따라 수백 개에 이르는 귀중품이 드러났어요. 이렇게 해서 엘도라도라는 도시를 찾으려는 탐색이 시작되었어요.

몇 년 뒤, 스페인 탐험가들은 황금 도시를 찾아 빽빽한 열대 우림 속을 헤쳐 나아갔어요. 그러나 도시는 발견하지 못한 채, 많은 탐험가들이 굶주림, 열병, 모기한테 물려서 걸린 질병 때문에 죽고 말았지요. 엘도라도라는 이름은 널리 퍼졌고, 다른 나라들까지 탐색에 끼어들었어요. 영국의 탐험가 월터 롤리는 황금을 찾아 남아메리카로 두 번 항해했어요. 두 번째 탐험에서는 아들인 와트를 데려갔지요. 두 번째 항해 때 늙고 쇠약한 월터는 야영지에 남고, 아들이 열대 우림 깊숙이 들어갔어요. 그러나 와트는 황금 도시에 다다랐을 때 스페인 보물 사냥꾼과 싸우다 죽고 말았지요.

오늘날에도 어떤 사람들은 남아메리카 열대 우림 속에, 깊고 깊은 정글에, 산을 하나 더 넘거나 그다음 강을 건너면 잃어버린 황금 도시를 발견하리라 믿고 있어요. 근대 사학자 한 사람은 이런 말을 했어요.

"우리는 엘도라도가 있다고 믿는다. 왜냐하면 실제 있기를 바라기 때문이다."

등장인물 들여다보기

인물 탐구
로빈 후드

지금까지 이야기
로빈 후드, 또는 로버후드, 라번호드 등 비슷한 이름이 많다. 이야기는 13세기쯤부터 전해져 왔다. 초기 몇몇 이야기에서 로빈 후드는 요크셔에 사는 것으로 나온다. 로빈 후드가 소작농이나 에드워드 왕을 섬기는 이야기도 있다. 그러나 19세기 말경, 우리에게 친숙한 로빈 후드 이야기로 정착되었다.

우리가 아는 로빈 후드
로빈 후드는 로버트 피츠스로 태어났다(로빈은 로버트의 애칭이다.). 그는 '록슬리'라는 곳에 살았고 귀족인 헌팅던 백작이었다. 로빈과 그의 가족은 리처드 왕을 지지했다. 당시 리처드 왕은 십자군 원정에 참전 중이었다.

▲ 십자군 전쟁은 그리스도교 군대가 성지를 차지하려고 벌인 중세 대원정이었다.

악의 세력
리처드 왕이 자리를 비운 사이, 그의 사악한 동생 존이 왕권을 잡았다. 존은 착한 사람한테 법을 어겼다는 혐의를 씌워 체포하고, 그들의 영토와 재산을 빼앗아 부를 쌓았다.

노팅엄의 주 장관과 기스본의 가이 경은 존 왕을 대신해서 비도덕적인 공직 활동을 벌였다. 그들이 모은 재물에서 일부를 각자 자기 몫으로 나눠 받았다. 로빈은 존 왕을 섬기기를 거부했기 때문에 범법자로 몰렸다.

로빈 후드

전설 속 인기 많은 인물 가운데 하나인 로빈 후드는 완벽한 영웅이에요. 부자들을 털어 가난한 이들을 돕고, 약한 자를 보호하고, 자격을 갖춘 왕에게 충성했어요. 수세기에 걸쳐 로빈 후드 이야기는 다양하게 변형되어 전해졌어요. 그러나 그 누구도 로빈 후드가 실제 인물인지는 확신할 수 없어요.

알아 두기
로빈 후드는 셔우드 숲 속에서 자신을 따르는 무리와 함께 사는 범법자였어요. 리처드 왕을 충성스럽게 지지하며, 왕권을 주장하는 리처드 왕의 동생인 존 왕자한테 들키지 않도록 숨어 지냈지요. 또한 존 왕자의 사악한 친구인 노팅엄의 주 장관과 기스본의 가이 경도 피했어요.

▶ 마침내 리처드 왕은 십자군 전쟁에서 돌아와 로빈 후드와 그의 부하들(왕 앞에 무릎 꿇은 사람들)을 사면해 주었다. 또한 나중에는 로빈 후드와 마리안의 결혼식까지 참석했다.

약탈자
로빈 후드와 그의 무리는 활 쏘는 솜씨만큼이나 검술도 뛰어났고 싸움 봉도 잘 다루었어요. 이들은 집이나 다름없는 숲 속을 다니며, 존 왕을 섬기는 나쁜 귀족을 공격하여 무기와 돈을 털어 가곤 했어요. 무기는 좋은 일을 하는 데 썼고, 돈은 필요한 물품을 사거나 가난한 이들을 돕는 데 썼어요.

등장인물

셔우드 숲에는 로빈 후드를 따르는 사람들이 많이(약 200명) 모여 있었어요. 하지만 여기서는 로빈 후드와 그의 곁에서 가깝게 지낸 몇 사람만 다룰 거예요. 십자군 전쟁에서 돌아온 리처드 왕은 로빈 후드를 따르는 사람들의 충직함과 나라를 구할 만한 솜씨에 반해, 이들을 자신의 신하로 삼았어요.

마리안
피츠월터 경의 딸인 마리안은 로버트 피츠 (로빈 후드)와 약혼한 사이였다. 이들의 결혼식이 진행되는데, 가이 경이 와서 로빈을 체포했다. 결혼 서약을 주고받기 전에 식이 중단되는 바람에 두 사람은 부부가 되지 못했다.

방앗간집 아들 머치
존 왕의 부하들이 그의 아버지를 죽인 뒤 머치도 범법자로 몰았다. 존 왕은 머치의 아버지가 셔우드 숲 (왕실 소유지)에서 사슴을 활로 쏘았다는 이유로 그를 죽이라고 명령했다.

윌 스칼렛
원래 이름은 윌 스카스록이었다. 늘 다홍색 옷을 입어서 '스칼렛'이라는 별명을 얻었다.

리틀 존
원래 이름은 존 리틀인데, 키가 무척 커서 짓궂은 애정을 담아 리틀 존으로 바뀌었다.

프라이어 터크
조그맣고 몸이 둥글둥글한 수사다. 로빈 후드를 놉는다는 이유로 수도원에서 쫓겨났다. 프라이어 터크가 되기 전에는 세례명이 마이클 터크로, 마이클 신부님이었다.

세계 둘러보기
영원히 행복하게

많은 문화마다 사람이 죽은 뒤에 영혼이 사후 세계라는 곳에서 살게 된다고 믿었어요. 이곳은 행복한 곳으로 여겨지기도 하고, 현재 삶이 희미하게 반영된 곳으로 보기도 해요. 또 심판이 내려지는 곳으로 여겨지기도 하지요.
착한 사람은 그 보답으로 천국에 가고, 나쁜 사람은 벌로 지하 세계에 가기도 해요.

북유럽 신들에 대해 더 알고 싶으면 90~91쪽을 보세요.

▲ 스바르가(스와르가), 인도
힌두교에서 스바르가는 메루 산에 있는 천국이다. 착하게 살았지만 완벽한 삶을 이루지 못한 자들이 또다시 땅 위에 태어나기 전까지 이곳에 머무른다.

▲ 발할라, 북유럽
고대 북유럽 사람들이 싸우다가 영웅답게 죽으면, 발키리(전쟁의 여신들)가 이들을 오딘의 궁전 발할라로 데려갔다. 죽은 전사들은 이곳에서 연회를 즐기며 오딘이 세상에 종말을 몰고 올 신들의 전투, 마지막 싸움인 라그나로크에 불러들일 날을 기다린다.

모험과 싸움

◀ **사후 세계, 아즈텍**
틀랄록은 물에 빠져 죽거나 질병으로 죽은 자를 맡아, 이들을 천국의 정원에 있는 행복한 사후 세계로 보냈다. 그곳은 고대 멕시코 도시인 테오티우아칸의 아즈텍 벽화에 묘사되어 있다.

◀ **천국, 아즈텍**
아기를 낳다가 죽은 아즈텍 여성이나 전쟁터에서 죽은 전사, 여행하다가 죽은 상인은 하늘 위 태양에 모였다. 4년이 지난 뒤 이들은 천국에서 꽃의 꿀을 따 먹는 벌새가 되었다.

▲ **엘리시움, 고대 그리스**
엘리시안 들판은 그리스 지하 세계의 한 부분으로, 착한 사람과 영웅이 죽은 뒤 영원한 행복을 누리는 곳이다. 평범하게 산 사람, 영웅적이지도 아주 사악하지도 않은 사람들은 아스포델로스 초원으로 가서 단조롭고 지루한 삶을 보낸다.

▶ **내세, 북아메리카**
푸에블로 인디언 부족은 죽은 사람들은 비구름이 되어서 선조들과 함께 살거나, '카치나'라는 영혼이 된다고 믿는다.

▲ **아루, 고대 이집트**
사람이 죽으면 지하 세계 두아트에서 영혼의 무게를 쟀다. 질서와 정의의 여신 마트가 지닌 진실의 타조 깃털과 영혼의 무게가 똑같으면, 그 영혼은 '아루'라는 낙원으로 갈 수 있다. 그곳으로 간 영혼은 '영원히 사는 자'로 불리며 오시리스 신의 지배를 받았다. 죄를 지어 타조 깃털보다 무거운 영혼은 악마 아무트한테 잡아먹혔다.

135

이야기를 들려주세요!

고대 이야기를 발견하고, 모두 이야기꾼이 되어 보세요.

세상에는 고대 신화와 전설이 가득합니다.
이야기꾼이 펼친 이야기들이 수많은 세대와 수세기를 거쳐
전해져 내려왔어요. 예술가들이 그 이야기를 그림으로,
조각품으로, 도자기로, 가면으로 표현해 냈지요.

박물관과 갤러리, 국립 공원에 가서 그림과
조각품을 살펴보며 상상력을 발휘해 보세요.

동네 도서관을 탐험해 보세요.
그러면 유명한 신화 속 인물과 줄거리에서
영감을 받아 쓴 소설을 발견할 수 있을 거예요.

다른 문화권에 담겨 있는 풍부한 이야기를 찾아보세요.
인터넷과 책과 영화를 보며 주위 세계의 신화도 알아보아요.

지금까지 보고 읽은 모든 자료 가운데
가장 좋아하는 신화를 자신만의 단어로 다시 표현해 보세요.
직접 그림을 그리거나 만들어 보기도 해요.
또는 최근 벌어진 사건 하나를 골라서 마임이나 연극으로 표현해 보세요.
그러면 몇 년이 지나도록 잊히지 않는 이야기가 될 거예요.

바로 여러분이 이야기꾼이 될 수도 있어요.
여러분도 자신만의 이야기로 다른 사람들의 마음을
사로잡을 수 있어요.
사람들이 여러분의 이야기를 듣고
다음 세대에게 그 이야기를 전해 줄지도 몰라요.

▲ 미국 콜로라도 키스톤에서 북아메리카의 전설을 들려주는 산 아저씨

용어 설명

반신 일부는 신이고 일부는 인간이다.

뱀파이어 신화에 나오는 귀신으로, 밤이면 희생양을 찾아 목을 물어 피를 빨아 마신다는 흡혈귀

북유럽 신화 덴마크, 노르웨이, 핀란드, 스웨덴, 아이슬란드 등 북유럽 지역에서 전해 오는 게르만 민족의 신화

기사도 용감하고, 배려 깊고, 충성스러운 행동 규범. 특히 기사들이 지녀야 할 덕목으로 여겨졌다.

님프 산, 강, 숲처럼 자연물에 깃든 요정

드리밍(꿈) 오스트레일리아의 애보리지니는 땅이 깨어나고 첫 조상들이 모든 생명체를 창조한 이후부터 드리밍 시대는 계속되고 있다고 믿는다.

드워프 키가 작은 인간처럼 생긴 신화 속 괴물

마야 기원전 2000년부터 멕시코 남부, 벨리즈, 과테말라에 걸쳐 존재했던 문명. 250~900년에 가장 번성했다.

마오리 족 뉴질랜드 원주민으로, 폴리네시아 제도에 살던 사람들의 후손이다.

묘약 마법 같은 효력을 지닌 약

문장 한 가문의 역사를 상징하는 표시로, 갑옷 위에 입는 덧옷에 장식하거나 깃발 또는 방패에 쓰였다.

문화 한 사회에서 사회 구성원이 음악, 예술, 문학, 그 밖의 지식에 보이는 삶의 방식이다.

미로 복잡하게 연결하여 출구를 찾기 힘들게 만든 길

미신 근거 없고, 알지 못할 두려움이 만들어 낸 행동이나 상황을 믿음

불멸 영원히 살며 죽지 않음

사티로스 고대 그리스 신화에 나오는 숲의 신으로, 귀와 꼬리가 말의 모습이다. 로마 신화에서는 염소의 뿔과 다리와 꼬리의 모습을 한 신이다.

삼산 부족 남아프리카 산 부족의 한 갈래. '/' 표시는 '찰칵' 하는 소리를 나타낸다. 초기 언어에서 남겨진 것으로 여겨진다.

샤먼 현세와 보이지 않는 정령의 세계를 마법과 주문을 써서 서로 연결해 주는 사람

서사시 영웅이 겪은 모험담이나 한 민족의 업적을 노래한 긴 시

세이렌 그리스 신화에 나오는 괴물로, 여자 머리에 새의 날개를 지녔다. 아름다운 노랫소리로 선원들을 홀려, 배가 바위에 부딪쳐 난파되게 한다.

스칸디나비아 노르웨이, 핀란드, 스웨덴, 덴마크, 아이슬란드, 페로 제도가 속하는 유럽 북쪽 지역이다.

시체 방부 처리 시체가 썩지 않도록 손보는 일

신성한 신과 경외할 만한 것과 관련 있다.

신탁 인간이 제사장을 통하여 신에게 묻고 응답을 받는 일. 제사장이 사는 장소나 신전을 일컫는 말이기도 하다.

신화 자연이나 사회 현상을 설명하는 전통적인 이야기. 주로 초자연적인 인물이 나온다.

아수라 악마의 한 부류. 인도 반신들의 적이다.

아즈텍 멕시코 중부에 전사 문명을 이룬 부족. 1500년대에 스페인이 정복하기 전까지, 가장 강력한 부족이었다.

악마 고통을 주는 악한 정령. 아픔과 괴로움을 가져온다.

애보리지니 오스트레일리아 토착 민족

엘릭시르 영원히 늙지 않고 살 수 있게 하는 물질

연금술사 화학 물질을 섞으며 금속을 금으로 바꾸게 하는 물질을 찾고, 불멸의 묘약 엘릭시르를 만들어 내려고 애쓰는 사람

영웅 용기를 보이거나 아주 용감하게 행동한 인물

월식 달이 지구의 그림자에 완전히 가려, 햇빛을 받지 못하는 현상

용어 설명

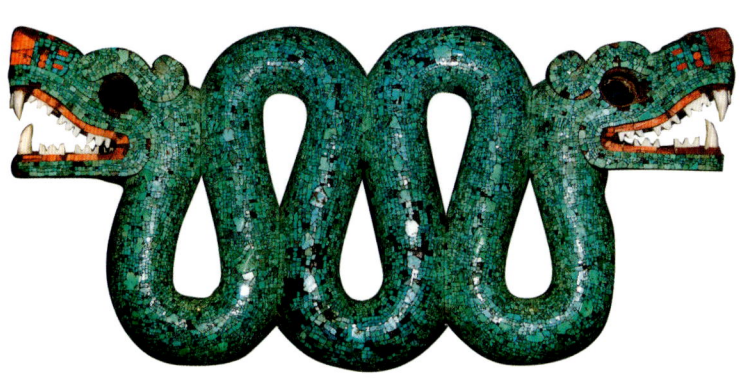

율톰텐 스칸디나비아 민속 이야기에 나오는 톰테나 니세 요정처럼, 크리스마스 때 선물을 전달해 준다.

이야기꾼 이야기를 쓰고, 들려주는 사람

잉카 1500년대에 스페인이 정복하기 전까지, 남아메리카 안데스 산맥 중심부에 발달했던 문명

전설 오랜 세월에 걸쳐 전해 내려온 역사적 이야기. 시대를 거치며 내용은 사실과는 다르게 변하고, 등장인물도 대부분 영웅이 된다.

제국 정치나 군사력을 내세워 다른 민족을 다스리는 나라

중세 유럽 역사에서 5세기에서 15세기의 시기를 말한다.

지옥 영원히 고통받으며 벌을 받는 곳

지하 세계 죽은 자들이 있는 땅

창조 가장 처음으로 무언가가 존재하게 되는 과정

천국 행복하고 만족스러운 상태가 영원히 이어지는 곳

초자연적인 자연을 초월한 힘을 지니고 현세를 벗어난

카오스 천지 창조가 이뤄지기 전, 태초에 있던 소용돌이치는 어둠

카치나 호피 부족이나 북미 원주민들이 섬기는 조상의 정령이다. 또는 의식용 춤을 추며 카치나를 표현하는 사람을 일컫는다.

켄타우로스 머리와 팔, 몸통 윗부분은 사람이고, 몸통 아랫부분과 다리는 말의 모습을 한 괴물

키클롭스 외눈박이 거인 족

트로이 '다르다넬스'라는 좁은 해협에 가까운 터키 북서쪽에 존재했으리라 짐작되는 고대 도시

트릭스터 신들을 화나게 하거나 자연스러운 균형을 깨뜨리는 개구쟁이 같은 신화 속 등장인물

티탄족 고대 그리스 신화에 나오는 거인 족

파라오 고대 이집트 통치자

풍요의 뿔 과일과 꽃, 곡식이 가득 넘치는 염소의 뿔로, 풍요를 상징한다.

찾아보기

가구쓰치 18
가네샤 99, 100
가루다 96
가이아(텔루스) 32, 34
갈까마귀 14, 15, 26, 27, 30
갓파 66
갤러해드 경 122, 123
거북 12, 62, 63, 98,
거웨인 경 123
검은 전사 63
게브 40, 41
고드보르드 76
곶감 84
군터 왕 95
그렌들 120, 121
그리핀(그리폰) 97
글라우코스 113
기네비어 122, 123
기린(치린) 62, 63
기스본의 가이 경 132, 133
길가메시 36, 126, 127
나르키소스 72
나마하게 85
난나 91
네소스 104
네크 54
네펠레 115
네프티스 41
노아 37
노팅엄 주 장관 132
누트 40, 41
늑대 인간 56, 57
니니기 18
니드호그 90
니세 76, 77
니아메 68, 69
닉스 50
닌순 126
다나에 110, 111
다마 72
다프네 73
데메테르(케레스) 32, 42, 43
데우칼리온과 피라 34, 37
데이아네이라 104
델포이 신탁 116
두르가 99~101
두르바사 125
두무지(탐무즈) 43
드레우르 97
드워프 78, 79, 90, 92~94, 119
들소송아지길 여인 106
디오니소스(바쿠스) 33, 74, 75
디오메데스 113
라(케프리) 40, 44, 54
라바나 98
라에르테스와 안티클레아 52
라이오스 116

라인 강의 아가씨들 94
라타토스크 90
락슈미 99, 100
랑기 22, 23, 24
랜슬롯 듀 락 123
레아(키벨레) 32
레프러콘 79
레후아 23
로렐라이 53
로바스호멤 57
로빈 후드 132, 133
로키 67, 91~93
로티스 73
롱고 23
루갈반다 126
루아우모코 23
뤼베찰 48
류 118
리카온 56
리틀 존 133
마그니 92
마누 37
마리안 132, 133
마마 오클로 16
마마 코차 16
마마 킬라(마마 킬야) 16, 17
마우 13
마우이 24, 25
마케아 투투라 24
마트 41, 135
마하데비 99, 100
마히쉬아수라 100
만코 카팍 16
만티코라 96
머치 133
멀린 122
메넬라오스 112, 113
메데아 115
메두사 87, 110, 111
멜루지네 54
모건 르 페이 122
모드레드 경 123
모디 92
무지개 뱀 20, 21, 80
미노스 50, 108, 109
미노타우로스 50, 108, 109
미다스 74, 75
믹틀란테쿠틀리 45
바루나 98, 100
바바야가 82, 83
바실리사 82, 83
바실리스크(코카트리케) 119
바유 98, 100
반고 12, 62
발데르 67, 91
발키리 94, 134

백호 63
뱀파이어 56
버서커 88
번입 80, 81
베 30
베누 12
베디비어 경 123
베오울프 120, 121
벨레로폰 96, 111
벨로나 107
보스 드 가니스 경 122, 123
보탄 94
부기맨 84, 85
부디카 107
부처 64, 65, 98
불사조(피닉스) 62, 63
뷔브르(기브르, 와이번) 118
브라기 91
브라우니 76
브라흐마 67, 98, 99
브란 48
브레어 토끼 67
브로크 93
브룬힐트 95
비다르 91
비라코차 16, 37
비슈누 37, 96, 98, 99, 100
비슈와카르마 100
비아미 80
빌리 30
사라스바티 99, 100
사르페돈 113
샤시 페레레 67
사오정 65
사치호코 61
사티 100
사티로스 74
성 브렌단 61
세드나 26, 27
세이렌 42, 52
세트 41
셀키 55
손오공 64, 65
수리야 100
슈 40
스사노오 18, 66, 89, 102, 103
스세리히메 103
스카디 91
스킬라 52, 61
스펜타 마이뉴(아후라 마즈다) 39
스핑크스 116, 117
시바 98, 100, 125
시프 92
실레누스 74
쓰키요미 18
아가멤논 112
아그니 98

아나히 72
아난시(안트 낸시, 낸시 아줌마) 68, 69
아누비스 41
아레스(마르스) 32, 106, 107, 113
아르주나(지슈누) 89
아르테미스(디아나) 33, 113
아리아드네 109
아마존 104, 106
아마테라스 18, 102
아무트 41, 135
아사세 야 68
아서 왕 89, 122, 123
아수라 98, 125
아스크와 엠블라 30
아스피도겔론 61
아이게우스 108, 109
아이네이아스 113
아이도 흐웨도 13
아이손 114
아이아스 112
아이에테스 50, 114, 115
아이트라 108
아크니디 26
아크리시오스 110
아킬레우스 88, 112
아테나(미네르바) 33, 35, 88, 105, 110~112
아톰-라 40
아틀라스 34
아포피스(아펩) 44
아폴론(아폴로) 71, 73, 75, 112, 113, 116
아프로디테(베누스) 33, 35, 70, 71, 108, 113
안드로메다 87, 110, 111
안티고네 116
알베리히 94
알크메네 104
암피트리테 109
야가미히메 102, 103
야른작사 92
야마 44
야마토 다케루 89
에레시키갈 45
에로스 70, 71, 73
에리스 112
에슈 66
에우리노메 13
에우리스테우스 104
에이트리 93
에피메테우스 31, 34, 35
엔키두 127
엘 쿠코 84
엘도라도 130, 131
엘프 78, 79
엠마오 19
여와 31
옌로 45

찾아보기

오디세우스(율리시스) 48, 50, 52, 53, 61, 112
오딘(보덴) 14, 30, 49, 88, 91, 92, 134
오메시와틀 38
오메테오틀 38
오메테쿠틀 38
오시리스 40, 41, 135
오야 107
오이디푸스 116, 117
오케아노스 55
오쿠니누시 102, 103
오피온 13
옥토끼 124
옥황상제 64
요르드 92
요르뭉간드르 93
용 62~63
용왕(동해 용왕) 64
우라노스(카일루스) 32, 34
우마왕 65
우이칠로포츠틀리 38, 119
우트나피시팀 36, 127
월터 롤리 경 131
월터 와트(월터 롤리의 아들) 131
윌 스칼렛 133
유니콘 62, 96, 97
이둔 91
이미르 13, 30, 49
이슈타르(인안나) 43, 45, 127
이시스 40, 41
이아손 114, 115
이오카스테 116
이자나기 18, 19
이자나미 18, 19
이카테레 23
익시온 45
인티 16
자루 멘 남자 84, 85
잔 다르크 106
저팔계(돼지) 65
제바우덴의 짐승 56
제우스(주피터) 31, 32~35, 37, 42, 43, 45, 53, 56, 71, 104, 108, 110, 112, 115
조티 100
지크프리트(시구르드) 94, 95, 119
찰치우틀리쿠에 36
천둥새 58, 59
철선공주 65
카드모스 88
카르티케아 100
카리브디스 53, 61
카바우테르마네켄 76
카산드라 113
카앙 28-29
카오스 50
카이탄가타 23

카치나 135
칼라 100
칼리 99, 100
케르베로스 44, 71, 104, 105
케이 경 123
케이론 34, 97, 114
케찰코아틀 38, 39
켄타우로스 97, 104, 108
코리강 78
코볼트 76, 79
코아틀리쿠에 119
코요테 30
코코펠리 73
쿠베라 100
쿠빌라우르 119
크눔 31
크라켄 60
크로노스(사투르누스) 32, 33
크리슈나 67, 89, 98
크림힐트 94
클레이토 128
키노케팔리 56
키레네 55
키르케 50~52
키메라 96, 111
키츠네 55
타네 22, 23, 31
타라스크 97
타랑가 24
타휘리 22, 23
탕가로아 22
테크 수사 133
테세우스 108, 109
테스카틀리포카 38, 39
테프누트 40
텐구 66
텔레고노스 50
텔레마코스 50, 52
토르 91~93
토트 41, 124
톰테 76
투 23
투테웨히웨히 23
트로이의 헬렌 52, 112, 113
트롤 49
트리스트램 드 라이어네스 경 123
트몰로스 75
틀랄록 135
티레시아스 52, 116
티르 91
티키 31
티탄 32-34
파르바티 99, 100
파리스 112, 113
파시파에 50, 108
파차 마마 16

파차카막 16
파트로클로스 112
파파 22, 23
파프니르 119
판 75
판관 45
판도라 35
판후 56
퍼시벌 경 122
페가수스 96, 111
페넬로페 50, 52
페르세 50
페르세우스 87, 110, 111
페르세포네(프로세르피나) 42
펜리르 91
펠리아스 114
포나투리 23
포르세티 91
포세이돈(넵툰) 32, 52, 108~112, 128
폴리데크테스 110,111
폴리보스와 메로페 116
폴리페모스 48, 52
프란시스코 바스케스 데 코로나도 130
프레위르 91
프레이야 91
프로메테우스 31, 34, 37
프로테우스 55
프리그 91
프리아모스 113
프릭소스와 헬레 115
프시케 70, 71
피네우스 114
피온 맥쿰하일(핀 맥쿨) 89
하겐 95
하늘 추장님 14, 15
하데스(플루톤) 32, 42~44, 111
하르피아이 114
하우미아 23
항아 125
헤라(주노) 32, 104, 112, 114
헤라클레스(헤르쿨레스) 34, 61, 104, 105
헤르메스 트리메기스토스 124
헤르메스(머큐리) 33, 35, 44, 50, 105, 110, 112, 124
헤르모드 91
헤마 23
헤베(유벤타스) 32
헤스티아(베스타) 33
헤스페리데스 104, 105, 125
헤임달 91
헤카베 11
헤카테 50
헤파이스토스(불카누스) 32, 33, 35, 112
헥토르 106, 112, 113
헬레노스 113
헬리오스 50, 53

현장법사 65
호데르 67, 91
호루스 40, 41
화목란(뮬란) 107
화이티리 23
후안 폰세 데 레온 124
훌두포크 79
훌드라 53
흐라에스벨그 90
흐레이드마르 119
흐로드가드 120, 121
히나 24
히네누이테포(히네티타마) 22, 25
히네하우오네 22
히드라 61, 104
히란야카시푸 48
히미르 93
히우코아틀 119
히페토텍(시페토텍) 38
히포다메이아 108
히폴리타 104, 106
힐데브란트 89

141

사진 및 그림 제공

Dorling Kindersley would like to thank Penny Smith for proofreading.

The publisher would like to thank the following for their kind permission to reproduce their photographs:

(Key: a-above; b-below/bottom; c-centre; f-far; l-left; r-right; t-top)

2-3 Hrana Janto. 4 Alamy Images: Mary Evans Picture Library. **5 The Bridgeman Art Library:** Private Collection (b). **Dreamstime.com:** Milos Tasic (background). **6 Alamy Images:** Universal Images Group Limited (c). **7 akg-images:** (t). **Adam Vehige:** (l). **Wellcome Images:** (r). **8 Alamy Images:** WoodyStock (bl). **Corbis:** Thomas Francisco (tl). **8-9 Alamy Images:** Mary Evans Picture Library (Kraken). **Corbis:** Michael Busselle (b). **9 Alamy Images:** Patrick Blake (br); Horizon International Images Limited (tr). **Corbis:** Visuals Unlimited (cra). **10-11 akg-images. 12-13 Getty Images:** LWA (background). **12 The Bridgeman Art Library:** Deir el-Medina, Thebes, Egypt/Giraudon (tl); Private Collection (tr); Horniman Museum, London, UK/Photo © Heini Schneebeli (br). **Werner Forman Archive:** (bl). **13 Alamy Images:** Sebastian (tl). **Maya W. aka "Bloodhound Omega"** http://bloodhound-omega.deviantart.com/, Claudia Schmidt aka "AlectorFencer. http://alectorfencer. deviantart.com/:** (c). **14 Alamy Images:** Mary Evans Picture Library (tl). **Dreamstime.com:** Milos Tasic (background). **16 Alamy Images:** Mireille Vautier (cl); Mark Wiener (br). **Dreamstime.com:** Splinex (tl). **Hrana Janto:** (bl). **Science Photo Library:** John Chumack (c). **17 Alamy Images:** Eduardo Mariano Rivero. **18 Alamy Images:** Prisma Archivo (br). **18-19 Dreamstime.com:** Milos Tasic (background). **19 The Bridgeman Art Library:** Museum of Fine Arts, Boston, Massachusetts, USA/William Sturgis Bigelow Collection (l). **20 Alamy Images:** Christine Osborne Pictures (br); Penny Tweedie/ © DACS 2010 (bl). **Dreamstime.com:** Ben Goode (cr). **J. Reisinger/jr-teams.com:** (cl). **22 Alamy Images:** Travelscape Images (cl). **Dreamstime.com:** Clairev (tr). **Nigel Fish, www.nigelfishphotography.co.uk:** (tr). **23 Alamy Images:** David Wall (family tree). **CGTextures.com:** (panels, bl). **Fotolia:** Sébastien Murat. **24 Alamy Images:** Robin Chittenden (b). **Dreamstime.com:** Splinex (tl). **Adele Jackson:** (r). **25 The Bridgeman Art Library:** Private Collection/© Look and Learn (tl). **June Grant:** Matariki Gallery, www.matariki.nl (tr). **NASA:** JPL/NGA (b). **26 Bryan & Cherry Alexander/ArcticPhoto:** (tl). **Dreamstime.com:** Milos Tasic (background). **27 Dreamstime.com:** Rudchenko (br/paper). **Hrana Janto:** (t, br). **28 Alamy Images:** Michele Burgess (tl). **naturepl.com:** Pete Oxford (bl). **Kellan Stover:** (r). **28-29 Dreamstime.com:** Bjarne Henning Kvaale (background). **29 Alamy Images:** John Takai (tr). **The Bridgeman Art Library:** Museo Casa Diego Rivera (INBA), Guanajuato, Mexico/Index/© 2011 Banco de México Diego Rivera Frida Kahlo Museums Trust, Mexico, D.F./© DACS 2010 (b). **31 Alamy Images:** Mary Evans Picture Library (bl); Suzanne Long (br); Ivy Close Images (tr); Interfoto (br). **32-33 Alamy Images:** Dennis Cox (family tree). **32 akg-images:** De Agostini Picture Library (bc). **Alamy Images:** bilwissedition Ltd. & Co. KG (br); Mary Evans Picture Library (cra); Interfoto (c). **The Art Archive:** Archaeological Museum Venice/Collection Dagli Orti (bl). **The Bridgeman Art Library:** Louvre, Paris, France (tr); Musee National de la Renaissance, Ecouen, France/Giraudon (cla). **Corbis:** (c). **Dreamstime.com:** Clairev (br). **Getty Images:** The Bridgeman Art Library (cr); DEA/Collection Dagli Orti (cl). **33 akg-images:** De Agostini Pic.Lib (ca); Electa (c). **Alamy Images:** Mary Evans Picture Library (bl). **The Art Archive:** Archaeological Museum Delphi/Collection Dagli Orti (b). **Getty Images:** Archive Photos (tl); Superstock (bc); DEA/G. Dagli Orti (br); DEA/G Nimatallah (cb); The Bridgeman Art Library (cr). **34 akg-images:** (br). **Getty Images:** The Bridgeman Art Library (br). **34-35 Dreamstime.com:** Milos Tasic (background). **35 The Bridgeman Art Library:** Private Collection/The Stapleton Collection (tl). **Corbis:** Bettmann (r). **Dreamstime.com:** Rudchenko (tc). **36 Alamy Images:** Ivy Close Images (tr). **Mattias Fahlberg:** (l). **Julie Newdoll, www.brushwithscience.com:** (cr). **37 Alamy Images:** Ancient Art & Architecture Collection Ltd (cr). **The Bridgeman Art Library:** Private Collection/The Stapleton Collection (tr); Private Collection/Archives Charmet (b). **Corbis:** Bettmann (tc). **38 Stencil Kingdom - www. stencilkingdom.com. 39 The Bridgeman Art Library:** Bibliotheque des Arts Decoratifs, Paris, France/Archives Charmet (tr). **Dreamstime.com:** Rudchenko (cra). **40-41 Corbis:** So Hing-Keung (family tree). **40 The Bridgeman Art Library:** Brooklyn Museum of Art, New York, USA (cl). **Corbis:** The Art Archive (br); Charles & Josette Lenars (br). **Dreamstime.com:** Clairev (tr). **Getty Images:** De Agostini (cr); DEA Picture Library (bl). **Wikipedia:** Jeff Dahl (tc). **41 Alamy Images:** Interfoto (br). **Corbis:** Collection Dagli Orti (cra); Roger Wood (cla); Sandro Vannini (background). **Getty Images:** DEA/Collection Dagli Orti (tl, bl, cr). **Wikipedia:** Jeff Dahl (tr). **42-43 Alamy Images:** North Wind Picture Archives (b). **42 Alamy Images:** The Art Gallery Collection (tc). **Corbis:** Christie's Images (l). **43 Alamy Images:** Mary Evans Picture Library (l). **The Bridgeman Art Library:** Private Collection/The Stapleton Collection (tr). **Dreamstime.com:** Rudchenko (crb). **44 Alamy Images:** The Art Gallery Collection (l). **The Bridgeman Art Library:** Ancient Art and Architecture Collection Ltd. (tr). **Corbis:** Historical Picture Archive (tr). **45 Alamy Images:** Mary Evans Picture Library (tl); Lordprice Collection (bl); The Print Collector (br). **The Bridgeman Art Library:** Museo de Antropologia, Jalapa, Mexico/Photo © Boltin Picture Library (tr). **46-47 Wellcome Images. 48-49 Glowimages** (background). **Marie Hickman** (background 2). **48 akg-images:** (tl). **Alamy Images:** Mary Evans Picture Library (bl); Ivy Close Images (tr). **The Bridgeman Art Library:** Private Collection/The Stapleton Collection (br). **49 Alamy Images:** Pictorial Press Ltd (r). **The Bridgeman Art Library:** Private Collection/ Photo © O. Væring (bl). **Mary Evans Picture Library:** (tl). **50 akg-images:** (cr). **Alamy Images:** Rupert Hansen (cl). **The Bridgeman Art Library:** Gallery Oldham, UK (t). **51 The Bridgeman Art Library:** Bibliotheque des Arts Decoratifs, Paris, France/Archives Charmet. Circe, 1911 (colour litho), Edmund Dulac, permission granted by Hodder Children's Books, a division of Hachette Children's Books, 338 Euston Road,London NW1 3BH. **52 Alamy Images:** Lebrecht Music and Arts Photo Library (tl). **53 Dreamstime.com:** Rudchenko (br/paper). **Mary Evans Picture Library:** (br). **54 Alamy Images:** The Art Gallery Collection (tr); Mary Evans Picture Library (tl). **The Bridgeman Art Library:** Private Collection/Photo © O. Væring (bl, br). **55 Corbis:** Asian Art & Archaeology, Inc. (bl). **Mattias Fahlberg:** (r). **Mary Evans Picture Library:** (tl). **National Gallery Of Victoria, Melbourne:** Danny Nalorlman Djorlom, Kunwinjku c.1952–2005, The killing of Lumaluma 1988, earth pigments on Stringybark 65.5 x 172.0 cm. Gift of Penny Blazey, 1989. © Estate of the artist 2011 licensed by Aboriginal Artists Agency (AAA) (tr). **56 Alamy Images:** bilwissedition Ltd. & Co. KG (bl). **Dreamstime.com:** Splinex (tl). **Getty Images:** The Bridgeman Art Library (tr). **56-57 Mattias Fahlberg. 58 Alamy Images:** Paul Moore (clb). **Dreamstime.com:** Milos Tasic (background); Rudchenko (bl); Daniel Wiedemann (br). **59 Dreamstime.com:** Noel Powell (br). **Brad Heyd:** (br). **Island Art Publishers:** Thunderbird And Killer Whale, by Joe Wilson (c). **60 Alamy Images:** North Wind Picture Archives. **61 akg-images:** British Library (tl). **Alamy Images:** The Art Gallery Collection (bl); North Wind Picture Archives (l/background); directphoto.bz (cr). **The Bridgeman Art Library:** Private Collection/© Look and Learn (tr). **62 Alamy Images:** Digifoto (tc, tr/red lanterns); Jade57 (l, br); photonic 2 (tc). **Werner Forman Archive:** Argus Photo (c); TAO Images Ltd (ca, cl); Wendy Connett (bc); Jade57 (br); Best View Stock (cr); Digifoto (t, tr, tl/red lanterns); photonic 2 (t/rabbit lantern). **Corbis:** Historical Picture Archive (b). **64-65 Teddy Edmund Tan Pavon, http://lagunapavon.deviantart.com. 64 Tu Bui, www. ArtofTu.com. Dreamstime.com:** Drizzd (tl). **66-67 Allen Douglas, www.allendouglasstudio.com. 66 The Bridgeman Art Library:** Private Collection/Paul Freeman (tl). **Jisuk Cho:** (tr). **67 The Bridgeman Art Library:** Private Collection (tr); Private Collection/Dinodia (br); Royal Library, Copenhagen, Denmark (c). **Ebert Naves:** (tl). **68 Dreamstime.com:** Dr.alex (tr). **Photo Scala, Florence:** © 2011. Image copyright The Metropolitan Museum of/Art/Art Resource (bl). **69 Dreamstime.com:** Siloto (bl); Lianquan Yu (br). **70 The Bridgeman Art Library:** Manchester Art Gallery, UK. **70-71 Dreamstime.com:** Milos Tasic (background). **71 akg-images:** (br). **The Bridgeman Art Library:** Bibliotheque des Arts Decoratifs, Paris, France/ Archives Charmet (b). **72 Alamy Images:** Universal Images Group Limited (tl); Wildlife GmbH (tc). **naturepl.com:** Phil Savoie (r). **Photolibrary:** Tsuneo Nakamura (br). **Science Photo Library:** K Jayaram (cb). **73 The Bridgeman Art Library:** National Gallery, London (tr). **Photolibrary:** Heiner Heine/imagebroker.net (cl). **74 The Art Archive:** Bibliothèque Municipale Dijon/Collection Dagli Orti (t). **Dreamstime.com:** Lana Langlois (c). **Fotolia:** Scott Maxwell (r, l). **75 akg-images:** (r); British Library (l). **Dreamstime. com:** Rudchenko (tr). **76 Alamy Images:** Michael Philip (b). **Dreamstime.com:** Splinex (tl). **Mary Evans Picture Library:** (bl, t). **77 Mattias Fahlberg. Fotolia:** Alex Vasilev (c). **78 The Bridgeman Art Library:** Private Collection/ Archives Charmet (tr). **Corbis:** Stapleton Collection (br). **Allen Douglas, www.allendouglasstudio.com:** (l). **Mary Evans Picture Library:** Medici (b). **79 akg-images:** (tr). **Alamy Images:** Melba Photo Agency (bl). **The Bridgeman Art Library:** Private Collection/The Bridgeman Art Library (tl); Private Collection/Photo © The Maas Gallery, London (crb). **Mary Evans Picture Library:** Medici (br, t). **80 Dorling Kindersley:** Bedrock Studios (b). **Dreamstime. com:** State Library Of Victoria, Melbourne: (c). **81 Allen Douglas, www.allendouglasstudio.com:** (t). **Getty Images:** Mike Kowalski (bl); Visuals Unlimited, Inc./ Dave Watts (br). **82-83 Dreamstime.com:** Milos Tasic (background). **82 The Art Archive:** Bibliothèque des Arts Décoratifs Paris/Collection Dagli Orti (tl, tc). **83 Chrissie Graboski:** (br). **84-85 akg-images. 84 Alamy Images:** RTimages (bl). **Corbis:** Studio Eye (cla). **Dreamstime.com:** Splinex (tl). **85 Dreamstime.com:** JTB Photo Communications, Inc. (c). **86-87 Adam Vehige. 88 Alamy Images:** Lebrecht Music and Arts Photo Library (tr). **The Bridgeman Art Library:** Palazzo Ducale, Mantua, Italy (br). **Kamil Jadczak:** (l). **89 Alamy Images:** Mary Evans Picture Library (cl, br); World History Archive (tl). **Mattias Fahlberg:** (tr). **Getty Images:** The Bridgeman Art Library (tl). **90 Dreamstime.com:** Clairev (tl). **Jemma Westing. 91 akg-images:** IAM (tr, ca); ullstein bild (tl). **Alamy Images:** Classic Image (br); Ivy Close Images (family tree); Robert Adrian Hillman (cla); Mary Evans Picture Library (clb). **The Bridgeman Art Library:** Royal Library, Copenhagen, Denmark (c). **Dreamstime.com:** Rudchenko (cra). **Mary Evans Picture Library:** (bl). **92 akg-images:** (c). **Dreamstime.com:** Artaniss8 (c); Splinex (tl). **TopFoto.co.uk:** The Granger Collection (cla, bl). **93 Alamy Images:** Interfoto (br). **Getty Images:** The Bridgeman Art Library (cr). **94 Alamy Images:** Interfoto (tl); Lebrecht Music and Arts Photo Library (r). **Corbis:** Stapleton Collection (bc). **95 Corbis:** Stapleton Collection (br). **Dreamstime.com:** Rudchenko (cra). **Photo Scala, Florence:** BPK, Bildagentur fuer Kunst, Kultur und Geschichte, Berlin (tr). **96 Alamy Images:** Robert Harding Picture Library Ltd (tr). **The Art Archive:** Biblioteca Nazionale Marciana Venice/Gianni Dagli Orti (br, bl). **Allen Douglas, www.allendouglasstudio.com. 97 Alamy Images:** Mary Evans Picture Library (tl). **The Art Archive:** Biblioteca Nazionale Marciana Venice/Gianni Dagli Orti (bl, br). **The Bridgeman Art Library:** Private Collection (br/griffin). **Corbis:** Alinari Archives (tr); Arte & Immagini srl (cr). **O. Væring Picture Archive:** (cl). **98 Alamy Images:** World History Archive (c). **Corbis:** Historical Picture Archive (br, bc/Agni, bl, bl/Indra, bl/Varuna). **Dreamstime.com:** Clairev (b). **Getty Images:** elliott, elliott (tr); Photosindia (cl). **98-99 Fotolia:** sunshine (background). **99 Alamy Images:** Art Directors & TRIP (tr); Robert Harding Picture Library Ltd (bl); Louise Batalla Duran (tl); Tim Gainey (c). **Dorling Kindersley:** St Mungo, Glasgow Museums (c). **100 Alamy Images:** Art Directors & TRIP (cl/Saraswati); Angelo Hornak (bc); IndiaVisuals (bl); Bjorn Svensson (clb); Louise Batalla Duran (cl/Kali). **101 Alamy Images:** Art Directors & TRIP. **Fotolia:** Sunshine (background). **102-103 Dreamstime.com:** Milos Tasic (background). **103 Tanya Goen, Made by Telaine:** (bl). **Visipix.com:** (tr). **104 Alamy Images:** The Art Gallery Collection (cla); Mary Evans Picture Library (b). **Dreamstime.com:** Splinex (tl). **Getty Images:** DEA/ Veneranda Biblioteca Ambrosiana (c). **105 The Art Archive:** Bibliothèque des Arts Décoratifs Paris/Collection Dagli Orti (br). **Dreamstime.com:** Rudchenko (br/paper). **Yannis "Rubus" Roumboulias, http://rubusthebarbarian. deviantart.com. 106 Alamy Images:** The Art Gallery Collection (t). **Getty Images:** The Bridgeman Art Library (bl). **Jeroen Vogtschmidt:** (br). **107 akg-images:** (br). **The Bridgeman Art Library:** Private Collection/© Look and Learn (bl). **Verónica Martínez Medellín:** (tr). **C. Henry Sanderson:** (l). **108 Alamy Images:** Pick and Mix Images (tl). **Tobias Kwan:** (r). **110-111 Allen Douglas, www. allendouglasstudio.com:** (b). **Dreamstime.com:** Milos